Este libro es una síntesis

del libro, más grande,

"Para Entender la Diabetes"

11ª Edición.

Proporciona un extracto breve

de cada uno de los 28 capítulos.

Puede ser más fácil empezar

a aprender de este libro

hasta que esten listos

para leer el libro más grande

UN PRIMER LIBRO PARA ENTENDER LA DIABETES

COMPAÑERO DE LA 11A EDICIÓN DE
"PARA ENTENDER LA DIABETES"

H. Peter Chase, MD

CENTRO BARBARA DAVIS PARA LA DIABETES INFANTIL
PROFESOR DE PEDIATRÍA
UNIVERSIDAD DE COLORADO EN DENVER
Y EL CENTRO DE CIENCIAS DE LA SALUD

CHILDREN'S DIABETES FOUNDATION
EN DENVER

For information, contact

Children's Diabetes Foundation at Denver
777 Grant Street, Suite 302
Denver, CO 80203

www.childrensdiabetesfdn.org

Chase, H. Peter.
    Un primer libro para entender la diabetes / H. Peter
Chase.
    p. cm.
    "Companero de la 11a edicion de Para entender la
diabetes."
    LCCN 2008920230
    ISBN-13: 978-0-96753987-4
    ISBN-10: 0-9675398-7-0

    1. Diabetes in children. 2. Diabetes.   I. Barbara
Davis Center for Childhood Diabetes. II. Children's
Diabetes Foundation at Denver. III. Title.

RJ420.D5C467 2008   618.92'462
                           QBI08-600010

Book Design by Scott Johnson and Cindy Kalkofen

Printed in the United States of America
1 3 5 7 9 10 8 6 4 2

Este libro es dedicado al personal de habla hispana del Centro de Barbara Davis por toda su ayuda, con este grupo importante de personas.

UN AGRADECIMIENTO ESPECIAL A...

- El personal de la Fundación para la Diabetes Infantil y el Gremio de la Fundación para la Diabetes Infantil en Denver.

- La corrección y la revisión de pruebas, a Rosanna Fiallo-Scharer, MD, Philippe Walravens, MD, a la Srta. Georgia Koch, RN, BSN, CDE, Benita Lopez-Baca, RN, BSN, CDE, Rita Temple-Trujillo, LCSW, CDE, Linda Chase, RN y Casey Weimer

- Al Sr. Luis Diaz por la preparación del manuscrito.

- Scott Johnson y Cindy Kalkofen por el diseño del libro, las gráficas e ilustraciones.

- MGM Consumer Products por permitir el uso de The Pink Panther™.
  www.pinkpanther.com

- Pueden comprarse ejemplares adicionales de esta publicación en la Fundación para la Diabetes Infantil de Denver. Al final de este libro consulte las publicaciones disponibles.

Tabla de Contenido

Los capítulos de este libro son una continuación de los capítulos de la 11ª Edición de "Para Entender la Diabetes".

Capítulo 1
La importancia de educarse sobre la diabetes

H. Peter Chase, MD
DeAnn Johnson, RN, BSN, CDE

Es importante enterarse de todo lo referente a la diabetes. Al momento de hacerse el diagnóstico, la familia pasará de dos a tres días aprendiendo sobre la diabetes. Una semana más tarde, regresarán para pasarse otro día aprendiendo. Este libro será útil al principio, hasta que la familia esté lista para leer el libro "Para Entender la Diabetes." En ambos libros, los capítulos tienen los mismos números y temas. Todos los miembros de la familia, inclusive el padre y la madre, deben estar presentes para la educación inicial.

🐾 En el **primer** día de aprendizaje se tratan los sigientes temas:

- ☐ Que es la diabetes y sus causas
- ☐ Pruebas de cuerpos cetónicos en la orina y/o en la sangre
- ☐ Prueba de glucosa en la sangre
- ☐ Como reconocer y tratar el nivel bajo del azúcar en la sangre
- ☐ Tipos de insulina y sus acciones
- ☐ Come extraer la insulina
- ☐ Hábitos para saber llevar la dieta
- ☐ Información básica sobre la alimentación

🐾 En el **segundo** día, se repasan los temas del primer día y miembros de la familia aplican las inyecciones. Otros temas que tambien se tratan son las siguentes

- ☐ El manejo de la diabetes en la escuela
- ☐ Utilizacion del telefono para comunicarse con su equipo de tratamiento
- ☐ Detalles sobre el tratamiento (incluyendo las escalas "según la situación"
- ☐ Educación sobre la nutrición (nutrióloga)
- ☐ Las emociones (equipo psico-sociológico)
- ☐ Plan para los próximos días

🐾 Visita de seguimiento en **una semana**

Generalmente el niño y su familia regresan una semana mas tarde para participar en una clase con otras familias. El contenido incluye: instrucción impartida por la nutrióloga y la enfermera y una visita a la clínica con el doctor. Se tratan los siguientes temas:

- ☐ Detalles sobre el manejo de la alimentación con la diabetes
- ☐ Repaso sobre la hemoglobina glucosilada (HbA1c): lo que es y su importancia

1

- Acciones de la insulina y diferentes regímenes con insulina
- Detección de patrones en los niveles del azúcar de la sangre: cómo identificarlos y cuándo enviar por fax o por e-mail los números (a todas las familias se les dan hojas para enviar por fax cada semana durante cuatro a seis semanas por lo menos)
- Manejo de los niveles bajos del azúcar en la sangre: causas, manifestaciones y tratamiento de niveles bajos del azúcar en la sangre, de benignos a severos, incluyendo el uso de tabletas y gel de glucosa, miel y la administración de glucagón

- Manejo de los niveles altos del azúcar en la sangre: prevención de la cetoacidosis diabética; causas, manifestaciones y tratamiento
- Manejo de la diabetes durante los días de enfermedad: con qué frecuencia hay que verificar el azúcar en la sangre y las cetonas, reposición de líquidos, tipo y cantidad, cuándo y como llamar urgentemente pidiendo ayuda.

La importancia
de educarse
sobre la diabetes

Las instrucciones especiales para la primera noche son:

Instrucciones para pacientes nuevos en la primera noche para _____

A. *Los artículos para el cuidado de la diabetes que necesitarán durante la primera noche son*
(su enfermera le marcará los que necesita usted)

___ Medidor de glucosa en la sangre   ___ Tiras de prueba para la glucosa   ___ Apósitos con alcohol
___ Tiras para la prueba de cetonas   ___ Gel y tabletas de glucosa   ___ Cuaderno de anotación
___ Insulina   ___ Jeringas   ___ Tarjeta de contactos telefónicos

La primera noche te administraremos tu inyección de insulina en la clínica o te enseñaremos como poner la inyección en tu casa o donde se estén quedando.

B. *Si se administra la insulina en la clínica:*
   □ 1. Se le aplicó insulina Humalog®/NovoLog®/Apidra®; debe comer dentro de 10 a 15 minutos.
   □ 2. Se le aplicó insulina regular, debe comer dentro de 30 minutos – o – comer un bocadillo con carbohidratos camino a casa si tardarán más de 30 minutos en llegar.
   □ 3. Permitan que su niño coma hasta que quede satisfecho, evitando alimentos altos en azúcar (especialmente refrescos normales con azúcar [sodas] y postres dulces).

C. *Si la insulina se aplicara en casa antes de la cena:*
   1. Verifiquen el azúcar en la sangre del niño inmediatamente antes de comer. Anoten el resultado en el cuaderno de anotaciones.
   2. Comprueben si hay cuerpos cetónicos en la orina. Anoten el resultado en el libro de anotaciones.
   3. Llamen al Dr. _____ al _____ o al _____ para pedir una dosis de insulina. *Apliquen esta dosis:* _____.
   4. Saquen la insulina y apliquen una inyección inmediatamente antes de comer (vean el Capítulo 8). Si su hijo no tiene mucha hambre o si está cansado, pueden aplicarle la inyección después de comer y llamar al doctor si tienen preguntas sobre la dosis.
   5. Permitan que su hijo coma hasta que quede satisfecho. Eviten darle alimentos con alto contenido del azúcar (dulces o bebidas con azúcar).

D. *Antes de irse a dormir:*
   1. Verifiquen el nivel del azúcar en la sangre de su hijo. Anoten el resultado en el cuaderno de anotaciones.
   2. Comprueben si hay cuerpos cetónicos en la orina. Anoten el resultado en el cuaderno de anotaciones
   3. Si el nivel del azúcar en la sangre de su hijo está por debajo de ____ o más de ____, o si los cuerpos cetónicos en la orina son "moderados" o "grandes", llamen a su doctor al numero telefónico anotado arriba. Si los cuerpos cetónicos de la orina son entre "un trazo"a "pequeños", hagan que el niño tome de 8 a 12 onzas de agua antes de acostarse.
   4. Apliquen una inyección de insulina si su doctor les ha dado esa indicación. (Dosis, si se ordenó = ____.)
   5. Hagan que su hijo coma un bocadillo antes de acostarse. Algunas sugerencias para este bocadillo son: cereal y leche, mantequilla de cacahuate en pan tostado, una rebanada de pizza, yogur y galletas, o queso en galletas saladas. (Vean el Capítulo 11, Tabla 2 del libro "Para Entender la Diabetes" para otras sugerencias.)

E. *La segunda mañana, antes de venir a la clínica:*
   1. Si su doctor les dio instrucciones de que aplicaran la insulina de la mañana en su casa antes de venir, sigan los pasos mencionados arriba (vean el apartado "C") para la dosis que aplicaron anoche, antes de desayunar.
   2. Si les dieron instrucciones de esperar para aplicar la dosis de la mañana en la clínica, hagan una prueba del azúcar en la sangre y una de cuerpos cetónicos en la orina tan pronto como el niño despierte (si el azúcar está por debajo de 70 mg/dl [3.9 mmol/L], dénle de inmediato 4 a 6 onzas de jugo). Anoten los resultados de las pruebas del azúcar en la sangre y de la orina en el cuaderno de anotaciones.
      □ Desayunen en casa y vengan después a la clínica por su inyección de insulina.
      □ Traigan su desayuno a la clínica; el niño podrá desayunar después de que se le aplique la insulina.
   3. Traigan por favor todos sus artículos (incluyendo el cuaderno de anotaciones, éste libro, su insulina y otros articulos para el cuidado de la diabetes).

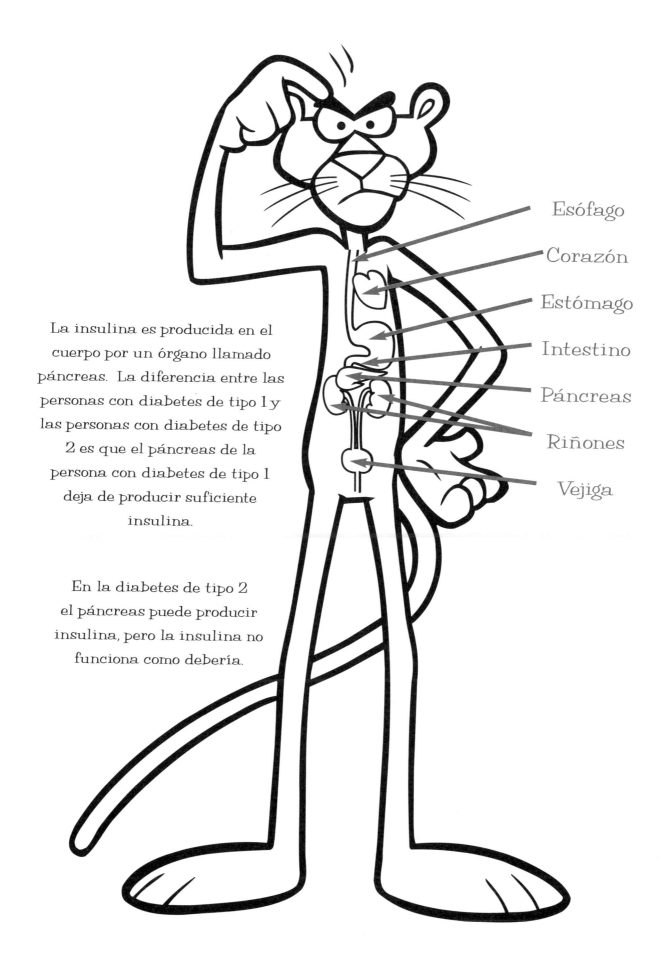

Esófago

Corazón

Estómago

Intestino

Páncreas

Riñones

Vejiga

La insulina es producida en el cuerpo por un órgano llamado páncreas. La diferencia entre las personas con diabetes de tipo 1 y las personas con diabetes de tipo 2 es que el páncreas de la persona con diabetes de tipo 1 deja de producir suficiente insulina.

En la diabetes de tipo 2 el páncreas puede producir insulina, pero la insulina no funciona como debería.

4

Capítulo 2
¿Qué es la diabetes?

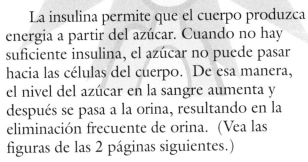

La diabetes de tipo 1 (infantil, juvenil, insulodependiente) se ocasiona porque el páncreas no produce suficiente insulina (vea el dibujo). Los síntomas más comunes son los siguientes:

 se orina con frecuencia

 se siente sed constantemente

 se pierde peso

Para las personas con **diabetes de tipo 1**, la insulina debe administrarse por medio de inyecciones. La insulina no se puede administrar por medio de pastillas ya que el ácido que produce el estómago la destruiría.

La diabetes de tipo 1 es diferente a la **diabetes de tipo 2** (diabetes del adulto, o diabetes que no depende de la administración de insulina), en la que la insulina es producida por el páncreas pero no funciona bien. Las personas con diabetes de tipo 2 algunas veces pueden usar pastillas (que no son de insulina), así como dieta y ejercicio para controlar su diabetes (vea el Capítulo 4). El ejercicio y una dieta saludable son también importantes para las personas con diabetes de tipo 1, pero las inyecciones de insulina siempre son necesarias para el control de la diabetes.

La insulina permite que el cuerpo produzca energía a partir del azúcar. Cuando no hay suficiente insulina, el azúcar no puede pasar hacia las células del cuerpo. De esa manera, el nivel del azúcar en la sangre aumenta y después se pasa a la orina, resultando en la eliminación frecuente de orina. (Vea las figuras de las 2 páginas siguientes.)

Puesto que el azúcar no se puede utilizar como energía, el cuerpo inicia una descomposición de grasa para utilizarse como energía. Las cetonas son productos de la descomposición de la grasa.

Cuando se inicia el tratamiento con insulina, las cetonas de la orina desaparecen gradualmente (vea el Capítulo 5). Durante los próximos días empieza a disminuir el nivel del azúcar en la sangre, se elimina orina con menos frecuencia y se bebe menos cantidad de agua. La persona recupera el peso perdido y empieza a sentirse mucho mejor.

Con frecuencia se inicia un período de **"luna de miel"** varias semanas después de iniciar el tratamiento con insulina. Durante este periodo la dosis de insulina (la cantidad de insulina que se administra) puede disminuir y podría parecer como si la persona ya no tuviera diabetes, pero en realidad **¡sí la tiene!** Este período puede durar de dos semanas a dos años.

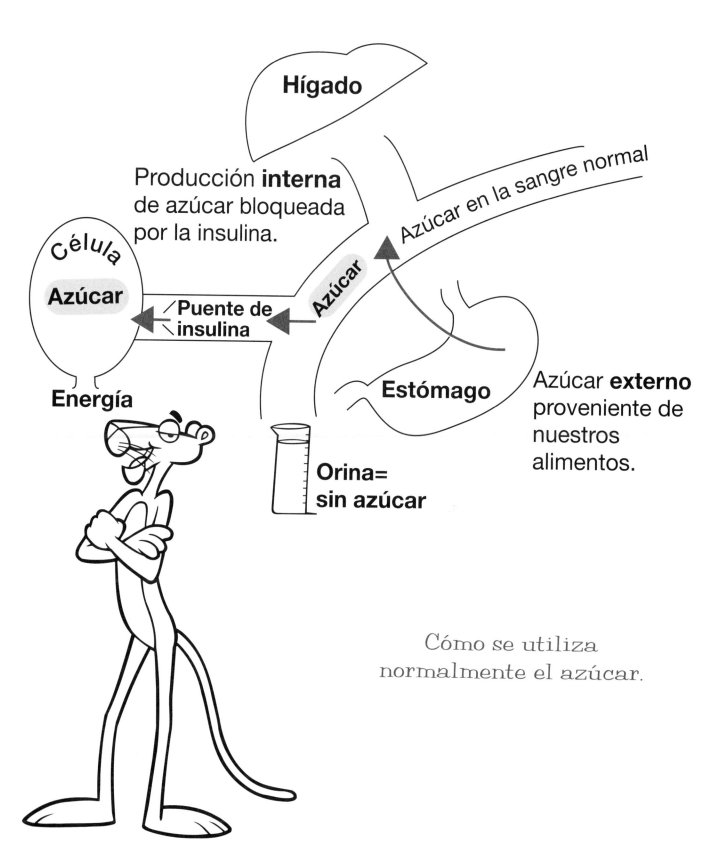

Hígado

Producción **interna** de azúcar bloqueada por la insulina.

Azúcar en la sangre normal

Célula

Azúcar

Azúcar

Puente de insulina

Azúcar

Energía

Estómago

Azúcar **externo** proveniente de nuestros alimentos.

Orina= sin azúcar

Cómo se utiliza normalmente el azúcar.

DIABETES

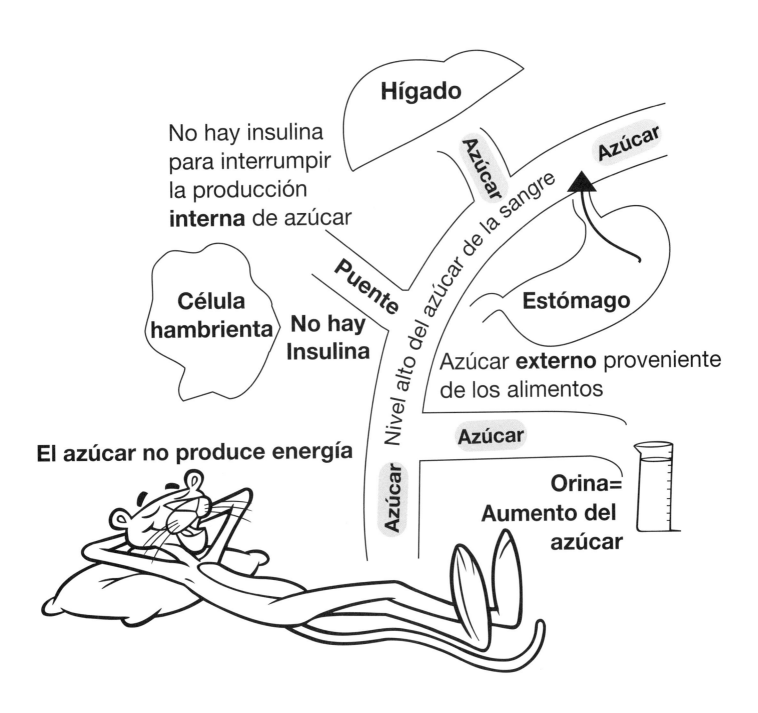

Hígado

No hay insulina para interrumpir la producción **interna** de azúcar

Azúcar

Azúcar

Nivel alto del azúcar de la sangre

Puente

Célula hambrienta

No hay Insulina

Estómago

Azúcar **externo** proveniente de los alimentos

Azúcar

El azúcar no produce energía

Azúcar

Orina= Aumento del azúcar

¿Qué le sucede al azúcar en una persona con diabetes?

Ahora se puede entender mejor el misterio sobre las causas de la diabetes tipo 1.

Capítulo 3
¿Cuál es la causa de la diabetes tipo 1?

Se cree que existen tres cosas que causan la diabetes tipo 1:

 Herencia (Genética): Los genes que provienen de mamá y papá hacen que la persona tenga más posibilidades de contraer diabetes. Más de la mitad de las personas que tienen diabetes tipo 1 han heredado los tipos del gen DR3/DR4. (Uno viene de mamá y otro viene de papá.)

Autoalergia (auto-inmunidad):

• El sistema inmunológico del cuerpo normalmente lo protege de los daños posibles.

• La alergia es una reacción del sistema inmunológico del cuerpo, contra algo que piensa que no tiene por qué estar adentro del cuerpo.

• La auto-alergia es cuando el cuerpo de la persona desarrolla una alergia en contra una de sus propias partes. En este caso la alergia se desarrolla en contra de las células del islote del páncreas donde se produce la insulina. Cuando las células del islote han sido dañadas, el sistema inmunológico elabora algo que se llama anticuerpos. Estos anticuerpos están presentes en la sangre (**A**nticuerpos de las **C**élulas del Islote, o **ICA**, por sus siglas en inglés).

Otros anticuerpos que pueden encontrarse en la sangre de las personas con diabetes tipo 1 son:

• IAA (anticuerpo de la insulina)

• Anticuerpo GAD

• Anticuerpo ICA512

Algunas veces estos anticuerpos están presentes por muchos años antes de que aparezca la diabetes. La mitad de las personas que algún día desarrollarán diabetes tipo 1 han tenido estos anticuerpos desde los cinco años de edad. La habilidad para detectar los anticuerpos ha permitido el desarrollo de estudios iniciados en los Estados Unidos y Europa para tratar de prevenir la diabetes tipo 1 (consulte el Capítulo 28 sobre Investigación).

 Virus o sustancia química: Una determindada composición genetica puede permitir que un virus o alguna sustancia química penetre hasta las células de la islote (donde se produce la insulina) y cause lesiones. Una vez que se produce una lesion, es muy probable que se inicie la autoalergia.

DIABETES TIPO 2

La diabetes del adulto o tipo 2 no resulta de una autoalergia. Por lo tanto, los anticuerpos (que se encuentran en la diabetes tipo 1) no se hacen presentes en la sangre.

Asimismo, la genetica es también diferente. Como observamos en el Capítulo 2, las personas con diabetes tipo 2 tienen con frecuencia niveles de insulina normales o altos. Simplemente la insulina no funciona correctamente. En contraste, las personas con diabetes tipo 1 no tienen insulina o la tiene a un nivel muy bajo. A ambas condiciones se les denomina como diabetes. Ambas producen un nivel alto del azúcar, pero son muy diferentes una de la otra.

Treinta minutos de ejercicio, cinco veces a la semana, es escencial para las personas con diabetes tipo 2.

10

Capítulo 4

Diabetes tipo 2

(PRINCIPIOS DE DIABETES MELLITUS [NIDDM] EN ADULTOS, QUE NO DEPENDEN DE LA INSULINA)

La diabetes tipo 2 es el tipo más comun afectando a los adultos mayores de 40 años. El estilo de vida moderno esta causando que se presente con mas frecuencia en personas jóvenes (particularmente entre los adolescentes con sobrepeso). La diabetes tipo 2 ocurre con mas frecuencia en jóvenes de ascendencia Hispana o Afro-Americana y en los Nativos Americanos.

CAUSA

La diabetes tipo 2 se contrae parcialmente por **herencia (genética)**. Tambien se asocia con el sobrepeso y la falta de ejercicio. Por eso se le considera una **"enfermedad del estilo de vida."** Nuestros antepasados eran muy activos y comian porciones pequeñas. Ahora vivimos en un mundo de viajes en automovil, televisión, computadoras, juegos de video y alimentos de preparacion rápida, altos en calorías.

SINTOMAS

Los sintomas pueden ser los mismos que se presentan con la diabetes tipo 1. Por ejemplo:

🐾 Tener mucha sed

🐾 Orinar con frecuencia (viajes al baño)

🐾 infecciones

🐾 Ulceras que tardan en sanar

🐾 Falta de energía

🐾 Muchas personas no tienen síntomas. A veces estas personas son diagnosticadas cuando se les encuentra un nivel alto del azúcar durante un exámen médico de rutina. Otras personas se diagnostican a través de una prueba llamada "prueba de tolerancia a la glucosa."

TRATAMIENTO: LOS CAMBIOS EN EL ESTILO DE VIDA SON <u>MUY IMPORTANTES</u>.

- Es esencial reducir el consumo de calorías, grasa y carbohidratos.

- Tambien es muy importante incrementar el ejercicio. La meta debe ser por lo menos 30 minutos diarios.

- Es útil chequearse el azúcar en la sangre (como las personas con diabetes tipo 1; capítulo 7). Los valores del azúcar en la sangre ayudan a evaluar como anda su control durante el día.

- Si, al hacerse el diagnostico la persona tiene cetonas, generalmente es necesario

11

aplicar inyecciones de insulina. Se necesitan esas inyecciones durante las enfermedades.

- Las tabletas orales se pueden iniciar una vez que los niveles del azúcar y la HbA1c (capítulo 14) regresan a un nivel normal. El nivel del azúcar en la sangre se acerca con frecuencia a un nivel normal al perder peso e incorporar el ejercicio regularmente en el estilo de vida.

- Estas medicinas que se toman oralmente NO SON insulina. Cuando se toman, estas medicinas hacen que el pancreas produzca mas insulina. Tambien causara que el cuerpo tenga mas sensibilidad a su propia insulina.

  Una de estas medicinas se llama metaformina (Glucophage).

- Esta medicina usualmente se inicia primero.

- A veces puede causar malestar estomacal.

- Si la persona se enferma, debe suspenderse la ingestión de Metformina hasta que la persona se recupere. Puede causar una condición llamada acidosis láctica. Inyecciones de insulina pueden necesitarse durante las enfermedades. Llamen a su doctor si no estan seguros que hacer.

- Existen otras medicinas orales que se pueden recomendar si la Metformina causa demasiado malestar estomacal or si no funciona bien.

Pruebas para determinar la presencia de cetonas

Capítulo 5
Pruebas para determinar la presencia de cetonas

Las pruebas para detectar la presencia de cetonas son muy fáciles y muy importantes.

A. PERSONA NUEVAMENTE DIAGNOSTICADA:

 Eliminar las cetonas de la orina es el primer objetivo cuando se inicia el tratamiento en pacientes nuevos.

Las cetonas provienen de la descomposición de grasas. La insulina detiene esta descomposición de grasas y evita la formación de cetonas.

El segundo objetivo es la disminución de los niveles del azúcar de sangre.

La insulina también evita la producción del azúcar en el hígado.

B. UNA PERSONA QUE TIENE DIABETES:

Las ocasiones cuando será importante hacer las pruebas para determinar la prescencia de cuerpos cetonicos.

Cuándo verificar las cetonas (en la orina o en la sangre):

- cuando uno se enferma
- cuando tiene el nivel del azúcar muy alto (por encima de 300 mg/dl [16.7 mmol/L])
- si se olvidó de aplicar una de sus inyecciones de insulina cuando tenga vómito
- cuando tenga vómito
- con la obstrucción de la sonda de una bomba de insulina o con alguna falla de la bomba

Si hay cetonas presentes, se puede administrar una dosis adicional de insulina para evitar que se formen mas cetonas. (La persona podría enfermarse gravemente la presencia de cetonas no se detecta a tiempo y no administra una dosis adicional de insulina, consulte el Capítulo 15).

C. CÓMO SE REALIZA DE LA PRUEBA

Siempre es necesario tener tiras disponibles en casa para determinar la presencia de cetonas en la orina y llevarlas consigo cuando salga de viaje. No hacer la prueba de cetonas cuando esté indicado podría resultar en la persona enfermandose gravemente. La presencia de cetonas se puede determinar usando orina o una gota de sangre. La prueba que usa orina es más barata, pero la prueba de la sangre tiene la ventaja de indicar que tan altas están las cetonas en ese momento (además de otras ventajas).

LA PRUEBA DE CETONAS EN LA ORINA

Las marcas de tiras que se usan con mayor frecuencia son:

1. Ketostix®: viene en envueltas en papel de aluminio lo que permite que duren más.

   La tira se sumerge en la orina y la lectura mostrará los siguientes resultados después de 15 segundos exactamente; negativo, rastros, pequeña, moderada, grande, o extra grande.

2. Chemstrip K®: viene en frascos y no están envueltas en papel aluminio. Las tiras que no están envueltas en papel de aluminio (incluyendo la marca de Ketostix que viene en una botella) deben desecharse seis meses después de destapar el frasco.

   La tira se sumerge en la orina y la lectura mostrará los siguientes resultados después de 60 segundos exactamente: negativo, rastros, pequeña, moderada, grande, o extra grande.

LA PRUEBA DE CETONAS EN LA SANGRE

Algunas personas prefieren usar el medidor Precision Xtra® para determinar la presencia de cetonas en la sangre.

- La tira roja de calibración se debe poner en el medidor primero.

- Después, la tira de la cetona de la sangre se inserta con las tres barras arriba.

- Se coloca una gota de sangre en el agujero de color púrpura en la tira.

- El resultado tarda cerca de 10 segundos.

Tabla

COMPARACIÓN DE LAS LECTURAS DE CETONA EN LA SANGRE Y DE LA ORINA

Cetonas en la sangre		Cetonas en la orina	
(mmol/L)	Color de la tira	Nivel	Medida que hay que tomar
menos de 0.6	no cambio o cambio minimo de color	negativo	normal - no acción necesaria de liquidos***
0.6 a 1.0	púrpura claro	pequeña o moderada**	insulina extra e ingestion de líquidos
1.1 a 3.0	púrpura oscura	moderada a grande**	llamar al doctor o enfermera**
más que 3.0	pú		

Capítulo 6
Bajo nivel del azúcar en la sangre
(hipoglucemia o reacción de la insulina)

Cualquier persona a la que se le haya administrado insulina puede tener un nivel bajo del azúcar (hipoglucemia o una "reacción"). **Un nivel realmente bajo del azúcar en la sangre es una cantidad numérica menor de 60 mg/dl (3.3 mmol/L).**

Causas principales:

- retrasar una comida o bocadillo

- hacer más ejercicio de lo acostumbrado (el nivel bajo puede "retrasare" durante la noche)

- tomar demasiada insulina o un error en la dosis

- bañarse, en la regadera o en la tina, muy pronto después de la inyección (peligroso)

- tener un bajo nivel del azúcar en la sangre (por cualquier razón, especialmente a la hora de acostarse) y no repetirse la prueba, 15 a 30 minutos después, para asegurarse de que el nivel haya subido como resultado del tratamiento.

- enfermedades, especialmente con vómito

Recuerde que si la persona tiene un nivel bajo del azúcar en la sangre y no puede retener los alimentos, puede aplicarse una dosis baja de glucagón, una unidad por año de edad, hasta 15 unidades, debajo del piel como la insulina, con una jeringa de insulina. La dosis puede repetirse cada 20 minutos hasta que el nivel del azúcar en la sangre haya subido. Una vez que el glucagón se haya mezclado, en general se puede seguir usando por 24 horas aproximadamente, antes de que se cuaje.

Las señales de que hay un nivel bajo del azúcar en la sangre pueden ser diferentes y pueden incluir:

- hambre

- sentirse tembloroso, sudoroso y/o débil

- confusión

- con sueño (fuera de lo normal)

- cambios en el comportamiento o de humor

- visión doble

- las señales de bajo nivel del azúcar en la noche pueden ser los mismos, o pueden incluir despertarse asustado, llorando, o tener pesadillas.

El nivel del azúcar sanguineo puede bajar rápidamente. La persona afectada (si puede), o alguien que esté cerca en ese momento, debe atender esta situación de inmediato. Si no se le da tratamiento, la persona puede perder el conocimiento o sufrir un ataque o convulsión. En la tabla de este capítulo se muestran diferentes niveles de reacciones (leve, moderada, severa) y tratamientos para cada uno de esos niveles.

Con una disminución "leve" del azúcar en la sangre (reacción): (vea también la tabla)

- administre azúcar (es mejor en forma líquida), como cuatro onzas de jugo o de refresco con azúcar, u ocho onzas de leche.

- cuando sea posible, debe hacerse una prueba del nivel del azúcar en la sangre.

- después del tratamiento, hay que esperar de **10 a 20 minutos** para que suba el nivel del azúcar en la sangre.

- vuelva a hacer una prueba de sangre para verificar que el nivel del azúcar haya subido a más de 70 mg/dl (3.9 mmol/L).

- si todavía está por debajo de este nivel, debe administrarse azúcar en forma líquida nuevamente. Siga de nuevo los pasos mencionados antes.

- espere otros 10 a 15 minutos para repetir la prueba del nivel del azúcar en la sangre.

- si el nivel del azúcar en la sangre está por arriba de 70 mg/dl (3.9 mmol/L), administre alimentos sólidos. La razón por la que debe esperar antes de dar alimentos sólidos es que éstos podrían incorporar el azúcar líquido y hacer que tarde más en absorberse el azúcar a la sangre.

- la persona no debe volver a sus actividades si no hasta que el nivel del azúcar en la sangre esté por arriba de 70 mg/dl (3.9 mmol/L).

- cuando un nivel bajo del azúcar ocurre a la hora de acostarse, es recomendable repetir la prueba del nivel del azúcar en la sangre, como se menciona arriba, y nuevamente durante la noche, para asegurarse de que el nivel se mantenga alto.

- si la disminución en el nivel del azúcar en la sangre ocurre a la hora en que se debe aplicar la inyección de insulina, atienda siempre primero al nivel bajo del azúcar. Asegúrese de que el nivel del azúcar en la sangre haya vuelto a subir antes de aplicar la inyección.

Con una reacción "moderada":

- ponga medio tubo de Insta-Glucose® o gel para decorar pasteles entre las encías y las mejillas. Frote las mejillas y pase la mano por la garganta para facilitar que se pase el producto.

Con una reacción "severa":

- si se sufre una convulsión o se pierde completamente el conocimiento, podría ser necesario aplicar una inyección de glucagón. Después de mezclar, aplique las siguientes dosis bajo la piel (como lo hace con la insulina):

menor de 6 años de edad = 0.3 cc (30 unidades)

de 6 a 18 años = 0.5 cc (50 unidades)

mayor de 18 años de edad = 1.0 cc (100 unidades)

El glucagón produce el efecto opuesto al de la insulina, <u>NO ES</u> azúcar. Hará que el nivel del azúcar en la sangre suba, generalmente en **10 a 20 minutos**.

Administración de glucagón:

- después de mezclar, puede aplicarse con una jeringa de insulina debajo de la piel, como se hace con la insulina.

Cantidad de glucagón que hay que administrar:

- a los niños en edad preescolar se les puede administrar una jeringa llena de 30 unidades.

- a los chicos pre-adolescentes (9 a 12 años) se les puede aplicar una jeringa con 50 unidades.

- a los adolescentes y a las personas adultas se les puede administrar una jeringa con 100 unidades

- Si la persona no reacciona en 10 a 20 minutos, debe llamarse a los paramédicos (911).

Antes de la siguiente inyección de insulina, debe llamar a su doctor o a su enfermera, pues puede ser necesario ajustar la cantidad de insulina que se administre.

Nunca administre una
inyección
antes de darse una ducha, o de
meterse a una tina de baño
caliente, o en un jacuzzi.
El aumento de la circulación en
la piel puede causar que la
insulina se absorba
rápidamente. Lo anterior puede
tener como resultado
una reacción severa
a la insulina.

Tabla

Hipoglucemia: Tratamiento para el nivel bajo del azúcar en la sangre (B.S.)
¡Revise siempre el nivel del azúcar en la sangre!

Nivel bajo del azúcar en la sangre Categoría	LEVE	MODERADA	GRAVE
Estado de alerta	<u>ALERTA</u>	<u>NO está ALERTA</u> **No puede beber sin peligro (riesgo de ahogarse)** **Necesita ayuda de otra persona**	<u>NO RESPONDE</u> **Pérdida del conocimiento** **Ataque** **Necesita constantemente ayuda de alguna persona adulta (posición de seguridad)** *No le dé nada por la boca (riesgo extremo de ahogarse)*
Síntomas	Cambios de humor Tembloroso, Sudoroso Hambriento Fatiga, Debilidad Pálido	Falta de concentración Dolores de cabeza Confundido Desorientado 'Fuera de control' (muerde, patea) No puede aplicarse el tratamiento él solo	Pérdida del conocimiento Ataque (convulsión)
Medidas que hay que tomar	✔ Revisar el nivel del azúcar de la sangre. ✔ Dar de 2 a 8 onzas de líquido azucarado (la cantidad depende de la edad) ✔ Volver a verificar el nivel del azúcar en la sangre en 10 a 15 minutos. ✔ Nivel del azúcar en la sangre < 70 mg/dl (< 3.9 mmol/L), repetir el líquido azucarado y volver a verificar en 10 a 20 minutos. ✔ El azúcar de la sangre > 70 mg/dl (> 3.9 mmol/L), (dar un bocadillo sólido)	✔ *Póngalo en una posición en la que no tenga peligro* ✔ Verificar el nivel del azúcar en la sangre ✔ Si usa una bomba de insulina, suspéndarla, puede desconectarla o suspéndarla hasta que se recupere totalmente del nivel bajo del azúcar en la sangre **(despierto y alerta)** ✔ Administre Insta-Glucose o gel para decoración de pasteles – ponerlo entre las encías y las mejillas y frotarlo. ✔ Vigilar que la persona 'despierte' ✔ Vuelva a revisar el nivel del azúcar en la sangre en 10 a 20 minutos. ✔ **Una vez que esté alerta – siga las "medidas" que están en la columna de 'Benigna'.** **(Puede usar una dosis baja de glucagón: [1 unidad por año de edad], si está muy desori-entado o fuera de control)**	✔ *Póngalo en una posición en la que no tenga peligro* ✔ Verifique el nivel del azúcar en la sangre ✔ Si usa una bomba de insulina, suspéndarla, puede desconectarla o suspéndarla hasta que se recupere totalmente del nivel bajo del azúcar en la sangre *(despierto y alerta)* ✔ Glucagón: se le puede administrar como la insulina, con una jeringa de insulina. Menos de 5 años de edad: *30 unidades* 5 a 16 años de edad: *50 unidades* Mayor de 16 años de edad: *100 unidades (toda la dosis)* ✔ Si se dan dosis de 50 o 100 unidades, puede usar la jeringa que está en la caja e inyectar a través de la ropa. ✔ **Repita la prueba del nivel del azúcar en la sangre cada 10 a 15 minutos hasta obtener > 80 mg/dl (4.5 mmol/L)** ✔ <u>**Si no reacciona, puede ser que necesite llamar al 911**</u> ✔ **Repita la prueba del nivel del azúcar en la sangre cada hora por 4 a 5 horas.** ✔ Alto riesgo de sufrir más niveles bajos, por 24 horas. *(necesita incrementar la ingestión de alimentos y disminuir las dosis de insulina)*
Tiempo de recuperación	10 a 20 minutos	20 a 45 minutos	**Comuníquese con el médico o a la enfermera y reporte lo sucedido** Los efectos pueden durar de 2 a 12 horas

Es importante que las personas adultas vigilen
a los niños más pequeños por si hay alguna señal que
indique un nivel bajo del azúcar.

Hágase la prueba del nivel del azúcar
en la sangre por lo menos tres o cuatro veces al día.

Capítulo 7

Prueba del nivel del azúcar (glucosa) en la sangre

¿CUÁNDO?

- Cuatro o más veces al día (generalmente antes de cada alimento y del bocadillo de antes de acostarse)
- No debe comer ningún alimento por dos horas antes de hacerse la prueba
- Cuando menos una vez a la semana, dos horas después de cada comida
- Siempre que se sientan los síntomas de que hay un nivel bajo del azúcar en la sangre
- Ocasionalmente durante la noche
- Siempre que aparezca algún síntoma fuera de lo normal (p.ej., cuando se orina con frecuencia)

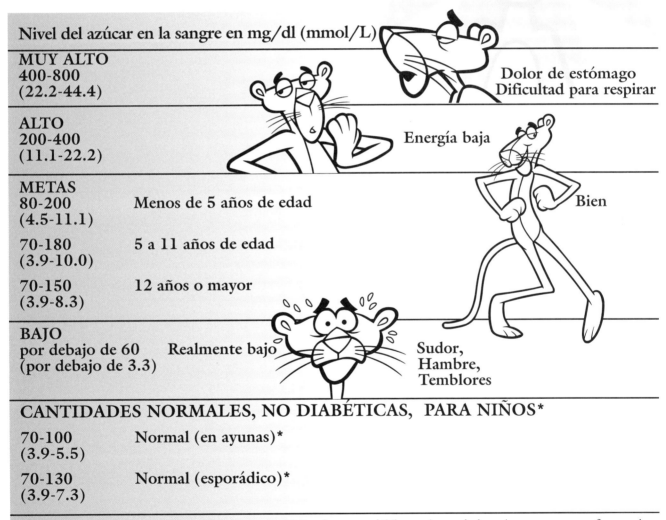

Nivel del azúcar en la sangre en mg/dl (mmol/L)

MUY ALTO 400-800 (22.2-44.4)		Dolor de estómago Dificultad para respirar
ALTO 200-400 (11.1-22.2)		Energía baja
METAS 80-200 (4.5-11.1)	Menos de 5 años de edad	Bien
70-180 (3.9-10.0)	5 a 11 años de edad	
70-150 (3.9-8.3)	12 años o mayor	
BAJO por debajo de 60 (por debajo de 3.3)	Realmente bajo	Sudor, Hambre, Temblores

CANTIDADES NORMALES, NO DIABÉTICAS, PARA NIÑOS*

70-100 (3.9-5.5)	Normal (en ayunas)*
70-130 (3.9-7.3)	Normal (esporádico)*

*El Grupo de Estudio DirecNet mostró que aproximadamente el 95 por ciento de los números que se refieren a los niños sin diabétes, caen dentro de estos límites. Sin embargo, algunos valores bajos hasta 60 mg/dl (3.3 mmol/L) y, valores esporádicos de, hasta 144 mg/dl (8.0 mmol/L) se consideran normales.

TRAIGA SIEMPRE SU MEDIDOR (y su libro de anotaciones) A SUS VISITAS A LA CLÍNICA.

21

METAS

Los valores del azúcar en la sangre a los que se aspira son diferentes de acuerdo a la edad y se muestran en la tabla que sigue. Por lo menos la mitad de los valores obtenidos a diferentes horas del dia deben estar en el rango deseado para la edad de la persona. Los valores se interpretan en ayunas o a cualquier hora del día en que no se haya comido ningún alimento por dos horas o más.

Niveles Sugeridos del azúcar en la Sangre

Edad (años)	En ayunas (a.m.) o sin ingerir alimento durante 2 horas		A la hora de dormir (antes del bocadillo de la noche o durante la noche)	
	mg/dl	mmol/L	mg/dl	mmol/L
Menos de	80-200	4.5-11.1	Arriba de 150* [80**]	Arriba de 8.3* [4.5**]
5-11	70-180	3.9-10.0	Arriba de 130* [70**]	Arriba de 7.3* [3.9**]
12 y mayores	70-150	3.9-8.3	Arriba de 130* [60**]	Arriba de 7.3* [3.3**]

*Si los valores se encuentran por debajo de estos niveles, podría agregarse leche u otro alimento al bocadillo de proteína sólida y carbohidratos antes de acostarse.

**Si los valores se encuentran por debajo de estos niveles, debe repetirse la prueba después de 10 a 30 minutos para asegurar de que hayan vuelto a subir. Si esto sucede más de una vez por semana, reduzca la insulina de acción rápida, o insulina regular, o llame a quien le proporcione la atención médica para la diabetes pidiendo una sugerencia.

Nota: Los niveles del azúcar recomendados por la ADA para los niños en los diversos grupos de edad varían un poco de lo que nosotros sugerimos. Los niveles recomendados por la ADA para antes de los alimentos y durante la noche, se pueden encontrar en la Tabla I del Capítulo 14.

CÓMO SE HACE LA PRUEBA

Las perforaciones en los dedos: Hoy en día existen perforadores muy buenos. La mayor parte de los perforadores pueden ser ajustados a la profundidad deseada del pinchazo. Éstos pueden ayudar a los niños y a las personas mayores que no necesitan una perforación muy profunda.

Cómo:

🐾 Tenga listo el perforador; coloque la lanceta (cámbiela a diario).

🐾 Lávese las manos con jabón y agua caliente y séquese.

🐾 Píquese el dedo en un lado o en la punta (no en la yema), o en el brazo (intercambie el lugar de la prueba)**.

🐾 Para obtener suficiente sangre, posicione la mano hacia abajo (por debajo del nivel del corazón) y "exprima" el dedo.

🐾 Limpie la primera gota de sangre con una bola de algodón.

🐾 Ponga la segunda gota de sangre en la tira de pruebas como lo indique en el medidor.

🐾 Presione una bola de algodón en el lugar de la perforación para detener el sangrado.

Medidores: Nosotros no recomendamos un medidor específico.

- Preferimos los medidores que puedan almacenar cuando menos los últimos 100 resultados de pruebas.

- El medidor debe ser descárgable para permitir a familia la o la clínica acceso a la información.

- Las tiras que requieran menos cantidad de sangre son preferibles para los niños pequeños.

- Asegúrese de que el código del medidor coincida con el código de las tiras.

- **Siempre debe traer consigo el medidor a las visitas a la clínica.**

**Lugares alternos para hacerse la prueba: Ahora algunos medidores requieren una gota tan pequeña de sangre, que puede sacarse del brazo o de otro lugar.

** Sin embargo, si siente que su azúcar está bajo, utilice la yema del dedo porque la circulación de otros lugares no está buena como en el dedo, y puede haber un retraso de 10-20 minutos en detectar el nivel del azúcar verdadero.

Libros de anotaciones: Es importante anotar los resultados.

- Observe los patrones de niveles altos y bajos.

- Si se llegan a presentar demasiados niveles bajos, los resultados deben enviarse a la enfermera o al doctor por fax o por e-mail (p.ej., más de 2 valores en una semana por debajo de 60 mg/dl [3.3 mmol/L]).

- Si se llegan a presentar demasiados niveles altos, los resultados deben enviarse a la enfermera o al doctor por fax o por e-mail (p.ej., más de 2 valores, a la misma hora del día, en una semana, por arriba de 300 mg/dl [16.7 mmol/L]).

- Los padres (incluso si sus hijos son adolescentes) deben anotar o supervisar la anotación de valores y el envío de los resultados.

- **Lleve el libro de anotaciones a las visitas a la clínica.**

Efecto emocional: Es importante no alterarse si se encuentran niveles bajos o niveles altos. Esto puede hacer que la prueba sea una experiencia negativa. Simplemente utilice la información para ajustar la insulina y/o para evitar que disminuya o aumente el azúcar en el futuro. La única respuesta debe ser **"Gracias por hacer la prueba"**.

Monitoreo continuo de la glucosa (CGM, por sus siglas en inglés)
El manejo de la diabetes está siguiendo una tendencia gradual hacia el uso de CGM. Esto implica usar un sensor durante tres a cinco días, que envía el nivel de la glucosa subcutánea (no de sangre) a un receptor. Los aparatos CGM no son todavía tan precisos como los medidores tradicionales de la glucosa en la sangre.

Manténgase tranquilo, el nivel del azúcar en la sangre bajará.

Capítulo 8
La insulina: tipos y actividad

¿POR QUÉ ES NECESARIO PONERSE INYECCIONES DE INSULINA?

- El páncreas de las personas con diabetes tipo 1 no produce suficiente insulina.

- La insulina no se puede tomar en forma de pastillas porque el ácido del estómago la destruiría.

- Las personas con diabetes tipo 2, que tienen cetonas o un nivel muy alto del azúcar en la sangre, en general también se aplican inyecciones de insulina cuando menos al principio.

HAY TRES TIPOS DE INSULINA:

 ① *"de acción rápida"* (Humalog, NovoLog, Apidra y Regular)

- Humalog, NovoLog y Apidra actúan más rápidamente que la insulina Regular; alcanzan su nivel máximo de acción (pico) más rápidamente y no duran tanto en el cuerpo como la insulina Regular.

- Las insulinas Humalog, NovoLog, Apidra y Regular son transparentes.

② *"de acción intermedia"* (NPH, Lente®)

- La mayor parte de las insulinas de acción intermedia son turbias y deben mezclarse antes de usarse para obtener una dosis correcta en cada inyección.

- Las botellas deben voltearse con cuidado hacia arriba y hacia abajo 20 veces antes de sacar la insulina con la jeringa.

- Las insulinas NPH y Lente alcanzan su pico de acción durante el día cuando se comen los alimentos.

③ *"de acción prolongada"* (Lantus® [insulina glargine] y Levemir® [insulina detemir]; vea la tabla)

- Éstas son las primeras insulinas basales (de acción uniforme, que no tienen un pico de acción máxima), que duran aproximadamente 24 horas.

- Son insulinas transparentes (no hay que confundirlas con las insulinas de acción rápida).

- La insulina Levemir® debe ponerse sola en la jeringa (no puede mezclarse con ninguna otra insulina).

- Es mejor aplicar las insulinas Lantus® y Levemir® en la parte baja del cuerpo (en el trasero, asentaderas) para asegurarse de que la insulina se aplique en grasa o en un pellizco de grasa.

** *La insulina debe almacenarse de modo que no se congele ni se caliente a más de 90º F (32° C) porque se echa a perder.*

¿CÓMO Y CUÁNDO SE USA LA INSULINA?

La mayor parte de la gente se aplica dos o más inyecciones de insulina al día.

USOS DE LA INSULINA DE ACCIÓN RÁPIDA:

- Las insulinas de acción rápida se usan para detener el aumento del azúcar en la sangre después de comer alimentos.

- La insulina de acción rápida puede combinarse con la insulina de acción intermedia para aplicarse antes del desayuno y antes de la cena.

- Si se usa la insulina Humalog, NovoLog o Apidra, debe aplicarse de 10 a 15 minutos antes de comer los alimentos (a menos de que el azúcar en la sangre esté por debajo de 80 mg/dl [4.5 mmol/L]).

- Si se usa la insulina Regular, la inyección se aplica normalmente 30 minutos antes de comer los alimentos.

- Para los niños pequeños: La insulina Humalog, NovoLog o Apidra se pueden aplicar después de los alimentos. De esa manera la dosis se puede ajustar de acuerdo con la cantidad de alimento ingerida.

- Algunas personas también se aplican una inyección de insulina de acción rápida antes del almuerzo o de comer un bocadillo en la tarde.

- Las insulinas de acción rápida también se usan para "corregir" un nivel del azúcar en la sangre que está demasiado alto (vea Dosis de Corrección: Capítulo 21).

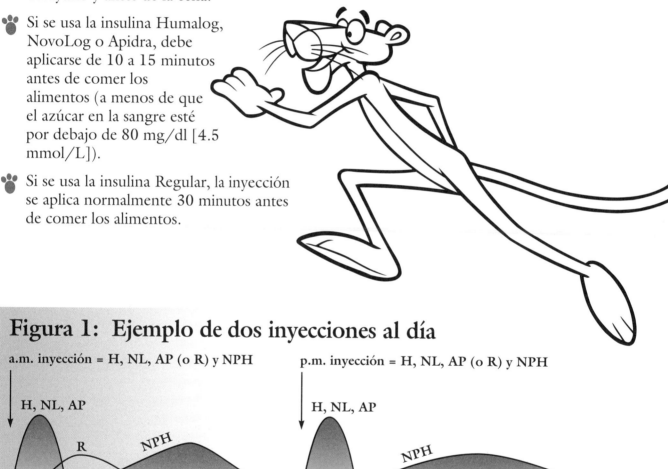

Figura 1: Ejemplo de dos inyecciones al día

a.m. inyección = H, NL, AP (o R) y NPH   p.m. inyección = H, NL, AP (o R) y NPH

H, NL, AP

R   NPH

H, NL, AP

NPH

7 a.m.   12 del medio día   6 p.m.   12 a.m.   7 a.m.

Muchas personas reciben dos inyecciones al día. La insulina NPH se puede usar como la insulina de acción intermedia de la mañana. Entonces esas personas pueden aplicarse una insulina de acción rápida, más la Lantus (vea la Figura 1-B) o la NPH, antes de la cena.

USO DE LA INSULINA DE ACCIÓN INTERMEDIA:

- Las insulinas de acción intermedia (NPH y Lente) son insulinas con un efecto máximo (pico) retrasado. De acción más prolongada normalmente se aplican dos veces al día en una jeringa en la que se mezcla una insulina de acción rápida.

  - Las insulinas de acción intermedia que se aplican a la hora de la cena o al acostarse, tienen un efecto máximo durante la noche, así que niveles bajos del azúcar son mas comunes comparadas a cuando se utiliza insulina basal (de acción prolongada).

- Las personas que se aplican tres inyecciones al día, algunas veces se aplican la insulina NPH al acostarse en vez de a la hora de la cena para ayudar a que dure más toda la noche.

USO DE LA INSULINA DE ACCIÓN PROLONGADA:

🐾 Cuando se use la insulina glargine (Lantus) o la insulina detemir (Levemir):

- la dosis normalmente se aplica sola, sin ninguna otra insulina en la jeringa (pregúntele a su doctor). (Entonces la Humalog, NovoLog o Apidra se aplican antes de cada comida.) Vea la Figura 1.

- es mejor aplicarse la insulina en el trasero (en las asentaderas) o aplicar la insulina en un pellizco de grasa en el estómago (para asegurarse de que la insulina vaya a la grasa).

- la acción es muy uniforme (sin pico) y el riesgo de tener un nivel bajo del azúcar en la sangre, particularmente durante la noche, se reduce.

- funciona como una insulina basal, lo que evita que el hígado libere azúcar (y cetonas) hacia la sangre.

- la NPH (insulina de acción intermedia) se aplica algunas veces en la mañana, especialmente si no se puede aplicar la inyección del medio día. Se puede administrar en la misma jeringa con la insulina de acción rápida. Vea el ejemplo de la Figura 1.

- la dosis se calcula con base en el azúcar en la sangre que se tenga en la mañana, sin importar a qué hora se aplica inyección de Lantus o de Levemir (a.m., al medio dia o al acostarse; funciona a cualquier hora – aunque debe escogerse una misma hora). Si el nivel del azúcar en la sangre está constantemente por encima del nivel deseado en la mañana, la dosis se incrementa (Capítulo 7). Si está por debajo del nivel deseado, la dosis se disminuye.

Figura 2: Uso de la insulina Lantus o de la insulina Levemir

Dos de los métodos más comunes para usar la insulina Lantus o la insulina Levemir:

Figura 1-A. En el primer ejemplo, se usa la insulina Lantus o Levemir como insulina basal (que se administra en la mañana, al medio dia, o al acostarse) y una insulina de acción rápida se aplica antes de las comidas y de los bocadillos.

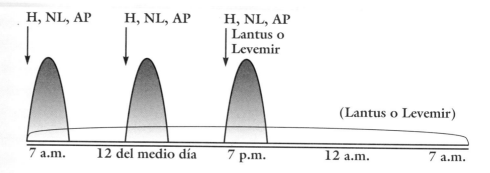

Figura 1-B. En este segundo ejemplo, en la mañana se aplican la insulina NPH y una insulina de acción rápida en una jeringa. Se administra una insulina de acción rápida sola a la hora de la cena. La insulina Lantus o Levemir (sola en la jeringa), se aplican consistentemente ya sea en la mañana, o a la hora de la comida o al acostarse.

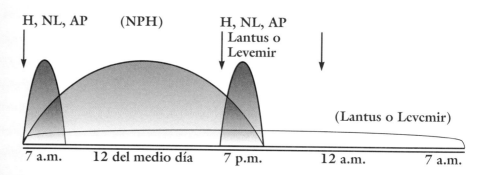

Tabla 1
Actividades de la insulina

Tipo de Insulina Principal	Empieza a Funcionar	Maximo Pico de Acción	Se Agota
DE ACCIÓN RÁPIDA Y REGULAR			
Humalog/NovoLog/Apidra	10-15 minutos	30-150 minutos	5 horas
Regular	30-60 minutos	2-4 horas	6-9 horas
DE ACCIÓN INTERMEDIA			
NPH	2-4 horas	6-8 horas	12-15 horas
DE ACCIÓN PROLONGADA			
Lantus (insulin glargine)	1-2 horas	2-24 horas	24 horas
Levemir (insulin detemir)	1-2 horas	2-22 horas	22-24 horas
INSULINAS PREMEZCLADAS			
Lente	1-2 horas	6-12 horas	15-24 horas
NPH/Regular (R) mezcla	30-60 minutos	R = 2-4 horas NPH = 6-8 horas	12-15 horas

Dónde
inyectar la
insulina.

Capítulo 9
Cómo extraer e inyectar la insulina

La enfermera educadora le enseñará la mejor forma para extraer y aplicar la insulina. Ambas se describen a seguir:

CÓMO EXTRAER INSULINA

A. Consiga todo lo que va a necesitar:

- una botella de cada una de las insulinas que va a usar

- jeringa

- gasa (almohadilla) con alcohol para limpiar la tapa de los frascos

- cuaderno de anotaciones con información sobre las pruebas recientes y la dosis de insulina: anote por favor cada uno de los resultados del nivel del azúcar en la sangre y la dosis de insulina en el cuaderno de anotaciones

B. Lo que hay que hacer:

- Entérese de la cantidad de cada insulina que necesita aplicar (con base en las escalas "según la situación", en su caso – vea el Capítulo 12 en *"Para Entender la Diabetes"*).

- Limpie las tapas de los frascos de insulina con una gasa con alcohol.

- Inyecte aire dentro del frasco de la insulina de acción intermedia (turbia), colocando el frasco verticalmente en la mesa y saque la aguja.*

- Inyecte aire en el frasco de la insulina transparente (de acción rápida), dejando la aguja en el frasco.*

- Invierta el frasco de la insulina de acción rápida con la aguja adentro y elimine las burbujas de aire que tenga. (Vea en este capítulo los pasos específicos que pueden usarse para eliminar las burbujas de aire.) Extraiga la insulina de acción rápida transparente que necesite y saque la aguja del frasco.

- Mezcle la insulina turbia (de acción intermedia) volteando el frasco suavemente, 20 veces, hacia arriba y hacia debajo de manera que la insulina se mezcle bien.

- Invierta el frasco de la insulina y póngale la aguja dentro del frasco. Extraiga insulina turbia a la jeringa. *Asegúrese de no empujar el émbolo de la jeringa para que no se meta a este frasco nada de la insulina de acción rápida que ya esté en la jeringa.*

- Si los frascos de insulina han estado en el refrigerador, puede quitarle el frío a la insulina, una vez que ya esté mezclada en la jeringa, tomando la jeringa en la palma de la mano, y cerrando la mano durante un minuto. Si la insulina está a la temperatura ambiente, no arderá tanto al inyectarla.

*Una opción que usan ahora algunas personas es, en vez de inyectar aire en los frascos de insulina, "ventilan" los frascos una vez a la semana, para producir un efecto de aspiradora. Esto se hace sacando el émbolo de la jeringa e insertando la aguja dentro del frasco de insulina en posición vertical. El aire se aspirará a través de la aguja eliminando el vacío del frasco. (De otra manera el vacío producirá que la insulina de la jeringa se absorba y entre en el frasco de insulina. Esto es muy importante en el caso de que dos insulinas diferentes se mezclen en la misma jeringa.)

CÓMO APLICAR LA INSULINA

- Escoja el área donde va usted a aplicar la inyección. Use dos o más áreas y diferentes lugares dentro de esa misma área

- Asegúrese de que el área donde va a aplicar la inyección esté limpia.

- Afloje el área que eligió.

- Levante la piel entré el pulgar y otro dedo (aunque se usen agujas cortas).

- Toque la piel con la aguja y "clávela" en la piel.

  Agujas cortas
  - aplique la inyección a un ángulo de 90º para una aguja de 5/16 de pulgada (corta): (éstas duelen menos y hay menos posibilidades de penetrar un músculo)
  (un ángulo de 90º es como éste:_____↓___)

  Agujas largas
  - aplique la inyección a un ángulo de 45º para una aguja de 5/8 de pulgada (solamente)
  (un ángulo de 45º es como éste: _____↙___)

- Inyecte la insulina lentamente y a un ritmo constante; espere 5 a 10 segundos para dejar que la insulina se disemine.

- Suelte la piel que había levantado.

- Ponga un dedo o un algodón seco sobre la aguja al mismo tiempo que la va sacando; frote suavemente algunas veces para cerrar el orificio que se hizo donde la aguja estaba insertada; presione por unos segundos con el dedo o con el algodón en el área donde puso la inyección si aparece un moretón o un sangrado.

- Observe si sale alguna gota de insulina por el orificio que hizo la aguja ("una fuga"); haga una anotación en su cuaderno de anotaciones si esto sucede.

La enfermera le enseñará la forma correcta de inyectar de manera de que no se escape ni una gota de insulina. Una gota puede contener hasta cinco unidades de insulina.

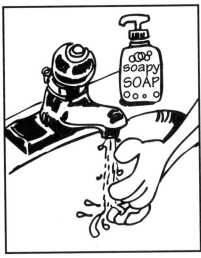

A. Lávese las manos

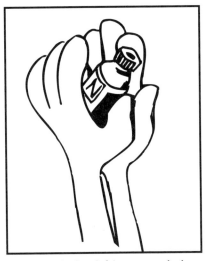

B. Quítele el frío y mezcle la insulina

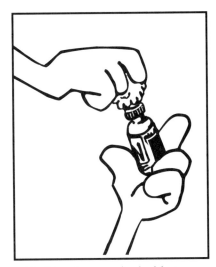

C. Limpie con alcohol la tapa del frasco

D. El aire que inyecta debe ser igual al número de unidades de la dosis

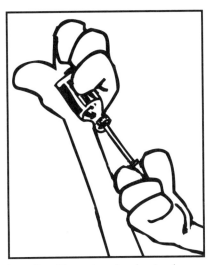

E. Extraiga la dosis de insulina

F. Asegúrese de que esté limpio el lugar donde se va a inyectar

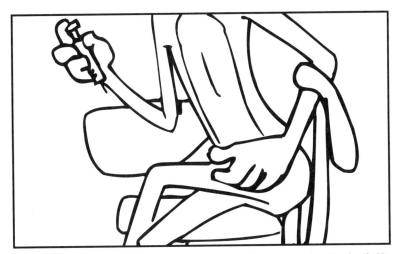

G. Levante la piel y el tejido de grasa. Si usa una aguja de 5/8 de pulgada, inyecte en ángulo. Si usa una aguja de 5/16 de pulgada (corta), inyecte con la aguja en línea recta.

H. Las insulinas basales (Lantus, Levemir) es mejor aplicarlas en los glúteos.

LOS NIÑOS Y LAS INYECCIONES DE INSULINA

🐾 Los niños pequeños pueden ayudar escoger el lugar donde se va da la inyección y a mantenerse quietos.

🐾 Normalmente los niños empiezan a inyectarse ellos solos alrededor de los 10 años.

🐾 Es importante que tanto la madre como el padre compartan en dar las inyecciones

🐾 Algunos problemas relacionados con la edad (vea el Capítulo 18) son:

Niños que empiezan a caminar:

- Los niños en este grupo de edad algunas veces pueden forcejear cuando se les tienen que poner inyecciones. El Inject-Ease® es un aparato que les ayuda a algunas familias.

- A algunos niños pequeños les ayuda el Insuflon® (vea este mismo capítulo).

- Mantenga el área donde se aplicará la inyección lo más inmóvil posible. Trate de distraer la atención hacia otra cosa (p.ej., la televisión, soplar burbujas de jabón, mirar algún libro, etc.). Esto le ayudará a relajarse al niño.

- Con frecuencia se usan primero las asentaderas, y más tarde las piernas, los brazos y el estómago.

- Con el permiso del niño, la insulina Lantus o Levemir se le puede aplicar cuando el niño esté dormido.

- El padre o madre debe recordar que cuando le esté aplicando una inyección a su hijo, le está dando salud.

Niños en edad escolar:

- El niño puede ayudar a escoger el lugar en su cuerpo en el que se le va a inyectar.

- Cambie el área donde se aplican las inyecciones. Use dos o más áreas y diferentes lugares dentro del área.

Adolescentes:

- Muchos adolescentes se inyectan solos y no quieren ayuda.

- Pero es importante que se apliquen las inyecciones en un lugar (p.ej., la cocina) donde los padres realmente pueden observarlos dando la inyección.

- Los padres pueden involucrarse ayudando a sacar los materiales que se necesitan, y ayudando a mantener anotados los resultados del azúcar en la sangre y dosis de insulina cada dia (en el cuaderno de anotaciones).

INSUFLON

El Insuflón es una pequeña cánula de plástico que puede ser colocada bajo la piel (usando crema EMLA, si se desea, para reducir el dolor) para administrar todas las inyecciones de insulina. Se parece a la cánula para una bomba de insulina (Capítulo 26), pero tiene un puerto de entrada para inyectar la insulina. Enroscar o girar la jeringa (o pluma de inyectar) ayuda a que la aguja entre al puerto. Algunas familias inyectan dos unidades de solución salina antes o después de la Lantus. El Glucagón (p.ej., en la escuela) también puede administrarse a través del Insuflón. Se le puede dejar adentro de la piel durante tres a cinco días. Se puede obtener por la compañía Liberty en el 1-800-467-8546.

Manténgase en control. Pueden hacerlo.

Es común sentirse enojado, commocionado y en estado de rechazo al enterarse por primera vez que se tiene diabetes.

Capítulo 10
Los estados de ánimo y la diabetes

Usted y su niño experimentarán muchas emociones cuando se enteren de la diabetes. Es muy normal tener estos estados de ánimo. Es importante que las familias compartan y hablen acerca de estos estados de ánimo.

Los estados de ánimo más comunes son **conmoción, rechazo, tristeza, enojo, miedo y culpabilidad. Adaptándose: todos se empezarán a acostumbrar y no se sentirán tan abrumados con el paso del tiempo.**

Le pedimos a cada familia que ha sido diagnosticada con diabetes que se reúna con un consejero para hablar acerca de los estados de ánimo. Es muy importante que todos los miembros de la familia compartan lo que sienten y que hagan lo posible para tomar esta noticia de una manera positiva.

Con el paso del tiempo, la familia se dará cuenta de que pueden salir adelante día a día con la tarea de las inyecciones, las pruebas del nivel del azúcar en la sangre, el plan de nutrición, y otras tareas diarias. Mas pláticas dentro de la familia y con su médico pueden ayudar a reducir el estrés.

Asimismo, hacer que la diabetes forme parte de un estilo de vida normal será la meta más importante.

La Pirámide de la Alimentación Saludable

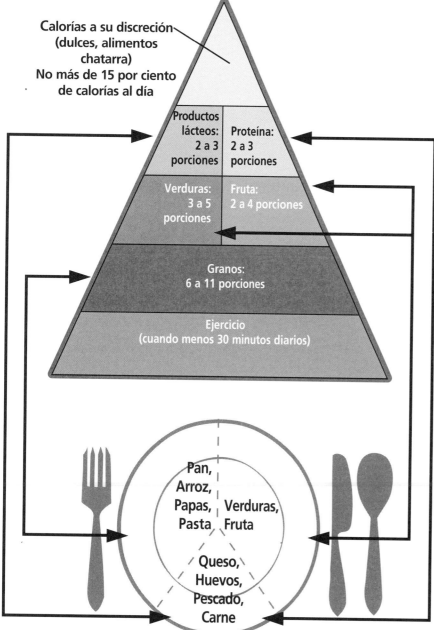

Calorías a su discreción (dulces, alimentos chatarra)
No más de 15 por ciento de calorías al día

Productos lácteos:
2 a 3 porciones

Proteína:
2 a 3 porciones

Verduras:
3 a 5 porciones

Fruta:
2 a 4 porciones

Granos:
6 a 11 porciones

Ejercicio
(cuando menos 30 minutos diarios)

Pan, Arroz, Papas, Pasta

Verduras, Fruta

Queso, Huevos, Pescado, Carne

El Plato Diario de la Comida

¿Cómo se vé tu plato todos los días?

Mira la guía de alimentación para ver si necesitas:

- Comer más alimentos con almidones (p.ej., pan de trigo integral, arroz moreno, papas y pasta)

- Comer más frutas y verduras

- Comer menos proteínas y grasas (especialmente carnes rojas)

- En general, comer más alimentos de los que están en la parte baja de la pirámide y menos alimentos de los que están más arriba en la pirámide

La Pirámide los alimentos — Trata de comer más alimentos de los que están en los tres bloques inferiores.

Capítulo 11
Nutrición normal

Entender algunos aspectos sobre la nutrición normal, sirve de ayuda cuando se está trabajando con la dietista para elaborar un plan de alimentación para una persona con diabetes.

Los alimentos que comemos se dividen en:

- **proteínas**
- **carbohidratos (incluyendo todos los azúcares)**
- **grasas**
- **vitaminas y minerales**
- **agua**
- **fibra**

Todos éstos son importantes para nuestro cuerpo y los tratamos con mayor detalle en el libro *"Para Entender la Diabetes"*.

La insulina tiene su efecto principal en los azúcares. Es importante consumir alimentos altos en azúcar solamente cuando hay suficiente insulina actuando en el cuerpo.

Anteriormente se pensaba que los azúcares simples (p.ej., los dulces) se absorbían rápidamente en el estómago, y que los azúcares complejos (p.ej., los almidones) se absorbían lentamente. Ahora se sabe que esto **NO** es verdad. Todos los carbohidratos se usan a la misma velocidad, de modo que incrementan el azúcar en la sangre de la misma manera.

Recuerde que **"un carbohidrato es un carbohidrato es un carbohidrato…"**

Es más importante pensar en lo siguiente:

- **CUÁNDO** se ingieren los carbohidratos. (No en forma constante entre comidas, de lo contrario el azúcar en la sangre se mantendrá elevada.)

- **CUÁNTOS** carbohidratos se ingieren. (Una lata de refresco con azúcar contiene 10 cucharaditas del azúcar, y eso es una "bomba" para cualquiera.)

- **CON QUÉ** se acompañan los carbohidratos que se ingieren. (Otros alimentos, como las grasas, retardan la absorción del azúcar.)

- **SI LA INSULINA ESTÁ ACTUANDO** al mismo tiempo que se está absorbiendo el azúcar; esto permite que el carbohidrato pase a las células para producir energía (vea el Capítulo 2).

Otras ideas de las que se habla en el Capítulo 11 de *"Para Entender la Diabetes"* son

- Trabajar con un nutricionista les permite a las familias mantenerse al día con los nuevos conceptos de nutrición.

- Aprender a leer las etiquetas de nutrición que están en los alimentos de la tienda es muy importante.

- Es importante para las personas con diabetes tener un nivel normal de grasas en la sangre (p.ej., colesterol). Se pueden hacer pruebas de estos niveles una vez al año en las visitas a la clínica.

Comer alimentos nutritivos les ayudará a todos los miembros de la familia.

Capítulo 12
El manejo de los alimentos y la diabetes

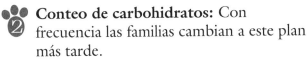

Es importante tener un plan alimenticio para las personas que tienen diabetes de tipo 1 o tipo 2. Cada familia debe elaborar un plan con su dietista, que se ajuste a sus miembros.

La diabetes de tipo 1 no se puede tratar solamente con dieta.

Personas con diabetes tipo 2:

- algunas veces se les puede tratar sólo con una dieta y ejercicio

- necesitan comer alimentos con menos calorías todos los días y perder peso

  - deben reducir las calorías procedentes de la grasa (la grasa tiene nueve calorías por gramo, los carbohidratos y las proteínas tienen cuatro calorías por gramo)

  - no deben comer más de una vez por semana en restaurantes de comida de preparación rápida (hamburguesas, papas fritas, pizza)

Los dos tipos de planes alimenticios más recomendados en nuestra clínica son:

① Carbohidratos en forma constante: Muchas veces las familias empiezan con este plan.

- Este plan implica comer aproximadamente la misma cantidad de carbohidratos en cada alimento y en cada bocadillo, día a día.

- Las dosis de la insulina se cambian con base en el nivel del azúcar en la sangre ("escala deslizante"), el ejercicio y otros factores tales como enfermedades, estrés, menstruación, etc. ("escala según la situación").

② Conteo de carbohidratos: Con frecuencia las familias cambian a este plan más tarde.

- Este plan implica contar los gramos de carbohidratos en el alimento que se va a comer. Se aplica una cantidad de insulina de acción rápida que coincida con los gramos (g) de carbohidratos (proporción I/C = proporción de insulina con carbohidratos).

- El equipo de atención médica, junto con la familia, escogen una relación proporcional de insulina con carbohidratos (proporción I/C).

- Es posible que el nutricionista solicite primero la preparación de un diario de alimentos por tres dias.

- La relación proporcional que se usa con frecuencia al iniciar este plan es de una unidad de insulina por cada 15 g de carbohidratos (proporción I/C de 1 a 15).

- Entonces se hace una prueba del nivel del azúcar en la sangre 2 horas después del alimento para ver si la proporción I/C es correcta.

  Si el nivel del azúcar en la sangre es alto (p.ej., más de 180 mg/dl o 10.0 mmol/L), la proporción podría cambiarse a una unidad de insulina por 10 g de carbohidratos (proporción I/C de 1 a 10).

  Si el nivel del azúcar en la sangre es bajo (p.ej., menos de 60 mg/dl o 3.3 mmol/L), la proporción podría cambiarse a una unidad de insulina por 20 g de carbohidratos (proporción I/C de 1 a 20).

- Gradualmente se van encontrando las proporciones correctas para cada alimento. La proporción I/C puede variar entre alimentos.

- Se efectúa una prueba del nivel del azúcar en la sangre y normalmente se agrega un "factor de corrección" de la dosis de insulina, a la proporción I/C de la dosis (ver Capítulo 21). Ésta será la dosis total de insulina que se administrará antes del alimento o del bocadillo.

- Si el nivel del azúcar en la sangre está por encima del nivel superior deseado una o dos horas después de comer (y el nivel del azúcar en la sangre antes de comer está por encima de 90 mg/dl [5.0 mmol/L], puede ser útil administrar la insulina de acción rápida 15 a 30 minutos antes de comer. Esto se debe a que los niveles del azúcar en la sangre alcanzan su pico en 60 minutos después de comer, mientras que las insulinas Humalog/Novolog/Apidra no alcanzan su efecto máximo sino hasta 100 minutos después de la inyección.

Varias tablas del contenido de carbohidratos en los alimentos y más detalles sobre el conteo de carbohidratos se encuentran en el Capítulo 12 de *"Para Entender la Diabetes"*.

Algunas reglas simples para manejar bien los alimentos, algunas de las cuales se relacionan más con el plan alimenticio de carbohidratos en forma constante, son:

- lleve una dieta bien balanceada

- lleve una dieta similar día a día

- coma los alimentos y los bocadillos a la misma hora todos los días

- utilice bocadillos para evitar reacciones a la insulina (consulte la lista de bocadillos que sugerimos, en el Capítulo 12 de *"Para Entender la Diabetes"*)

- racione con cuidado la cantidad de carbohidratos que come

- evite dar cantidades excesivas del azúcar al tratar niveles bajos del azúcar en la sangre

- consuma alimentos con menos colesterol y grasas saturadas; reduzca el consumo total de grasas

- mantenga un crecimiento adecuado

- mantenga un peso proporcional para su estatura; evite el sobrepeso

- incremente la cantidad de fibra que ingiera

- coma menos alimentos que tengan mucha sal (sodio)

- evite comer demasiadas proteínas

Un estudio conocido como el **DCCT***
encontró seis factores de nutrición asociados
con un mejor control del azúcar:

 seguir un plan alimenticio

 evitar comer bocadillos en exceso

 evitar tratamiento excesivo del nivel
bajo del azúcar en la sangre
(hipoglucemia)

 tratar los niveles altos del azúcar en
la sangre cuando se detecten

 ajustar los niveles de insulina de
acuerdo a los alimentos

 ser constantes en los bocadillos a la
hora de acostarse

Como se muestra en el diagrama del
Capítulo 14, los alimentos son uno de los
cuatro factores más importantes que tienen
impacto sobre el control del azúcar en la
sangre.

***DCCT:** Estudio sobre el control y las
complicaciones en la diabetes (vea el
Capítulo14).

Asegúrese de comer un
bocadillo antes de
acostarse, que tenga
proteína sólida, grasa y
carbohidratos
(especialmente si
hizo ejercicio fuerte en el día, o
si el nivel del azúcar en la sangre
está por debajo de
130 mg/dl [7.3 mmol/L]
o si se aplica una insulina de
efecto máximo [NPH] en la
noche).

Hacer suficiente
ejercicio
es importante
para todos.

Capítulo 13
El ejercicio y la diabetes

Hacer ejercicio en forma regular es importante para todos. Puede ser más importante para las personas con diabetes. Para las personas con diabetes tipo 2, hacer ejercicio en forma regular y reducir las porciones de los alimentos son dos de las partes más importantes para el tratamiento de la diabetes (ver el Capítulo 4).

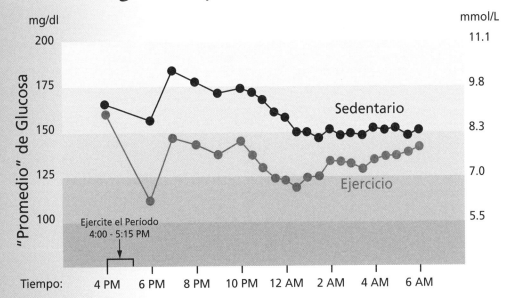

Azúcar en la Sangre Con y Sin Una Hora de Ejercicio

Esta figura representa los niveles de la glucosa (azúcar) en la sangre en los mismos 50 niños, en un día sedentario (círculos negros) y en un día con ejercicio (círculos rojos). Una hora de ejercicio a las 4 de la tarde, resultó en niveles más bajos de glucosa durante las 14 horas siguientes (durante toda la noche). La dosis de insulina y la ingestión de alimentos fueron los mismos en ambos días.

(Datos por cortesía del DirecNet Study Group: J Pediatr 147,528, 2005)

Hacer
ejercicio
puede ser
divertido . . .

EJERCICIO:

🐾 es uno de los "cuatro grandes" que, junto con la insulina o las medicinas orales, alimento y estrés, tiene efectos en los niveles del azúcar en la sangre (vea la figura del Capítulo 14).

🐾 puede disminuir o aumentar (debido a la producción de adrenalina) el nivel del azúcar en la sangre. Sobre todo, ayuda a mantener el azúcar en la sangre en un buen nivel. Parcialmente porque nos hace más sensibles a la insulina.

🐾 es un factor primordial en el tratamiento de la diabetes tipo 2.

🐾 es esencial para el control del peso.

🐾 las personas con diabetes tipo 1 o tipo 2 deben hacerlo diariamente por lo menos durante 30 minutos.

🐾 puede causar **niveles bajos del azúcar en la sangre** (Capítulo 6) y hay que planear para eso.

Lo que sigue puede ser útil:

• Ingerir más bocadillos o reducir la dosis de insulina podría ser necesario.

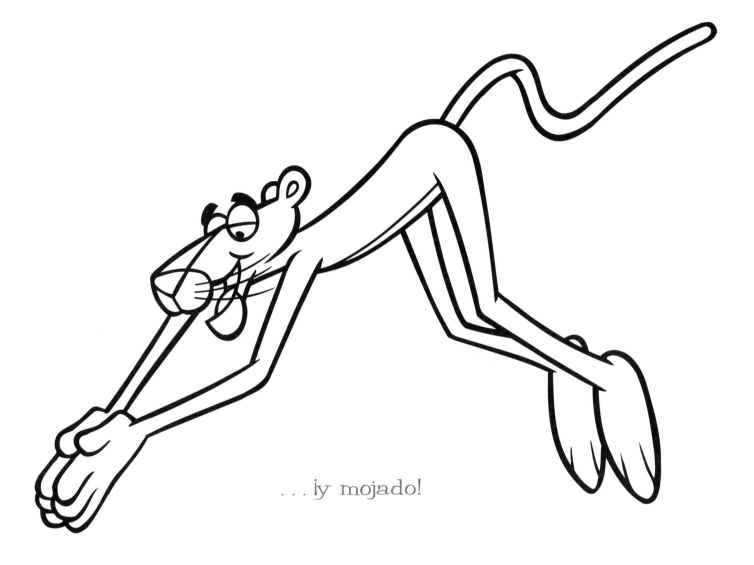

. . . ¡y mojado!

- Tener en mente un nivel más alto del azúcar en la sangre antes de hacer ejercicio (p.ej., 180 mg/dl [10.0 mmol/L]).

- Planificar en avance para evitar niveles bajos del azúcar durante 12 horas después del ejercicio ("hipoglucemia diferida").
  - ~ Puede ser necesario, reducir la dosis de insulina de la noche.
  - ~ Agregar 15 o 30 gramos extra de carbohidratos a la hora de acostarse si el ejercicio de la tarde o de la noche ha sido extenuante.
  - ~ Asegurarse de que, a la hora de acostarse, el nivel del azúcar en la sangre esté por encima de 130 mg/dl (7.3 mmol/L).

- Usar bebidas como Gatorade® al hacer ejercicio arduo.

- Medirse el azúcar con más frecuencia puede ser muy útil

- Beber más agua mientras que se haga ejercicio para evitar la deshidratación.

- Hacer ejercicio regularmente puede ser importante para todas las personas con diabetes, para ayudarles a mantener circulación normal en los pies en años posteriores.

Aprende a mantener un
equilibrio entre los
alimentos, la insulina
(o las medicinas orales),
el estrés y el ejercicio,
para lograr un buen
control del azúcar.

48

Capítulo 14
La diabetes y el control del azúcar en la sangre

Las personas con diabetes, que mantienen la mayoria de sus niveles del azúcar en el nivel deseado de acuerdo con su edad, "tienen buen control del azúcar" (el azúcar en la sangre es lo mismo que la glucosa en la sangre). Las metas del azúcar en la sangre están en este capítulo y en el Capítulo 7.

CONTROL DEL AZÚCAR:

🐾 se mide diariamente con un medidor (o, más recientemente, por medio de un monitor continuo de la glucosa [CGM]).

🐾 también se mide por medio de una prueba muy importante llamada prueba A1c (HbA1c o A1c).

La prueba HbA1c:

• se puede pensar en ella como **"el bosque"** y los niveles del azúcar en la sangre son **"los árboles"**

• nos indica con qué frecuencia han estado altos los niveles del azúcar durante los últimos 90 días

• debe hacerse cada tres meses

• debe estar en el nivel deseado (vea la tabla) para que la persona "tenga un buen control del azúcar."

¿POR QUÉ ES IMPORTANTE TENER BUEN CONTROL DEL AZÚCAR?

Buen control del azúcar (valores más bajos en la prueba de HbA1c):

1 ayuda para que las personas se sientan mejor.

2 puede disminuir el riesgo de desarrollar problemas en los ojos, los riñones, los nervios y el corazón, ocasionados por la diabetes. Esto lo demostró el **DCCT** (por sus siglas en inglés, **E**xperimento para el **C**ontrol y las **C**omplicaciones de la **D**iabetes).

3 ayuda a disminuir las grasas en la sangre (niveles de colesterol y de triglicéridos, ver el Capítulo 11).

4 ayuda a que los niños crezcan bien para alcanzar una estatura normal de adulto.

Tabla
Niveles Normales y Metas Para la Prueba HbA1c y Valores del Azúcar en la Sangre

	HbA1c*	Azúcar en la sangre**
Valores normales (sin diabetes):	4.3-6.2%	70-120 (3.9-6.7)
Metas para una persona con diabetes:		
19 años o mayor	menos de 7%	70-140 (3.9-7.8)
13 a 19 años	menos de 7.5%	70-150 (3.9-8.3)
6 a 12 años	menos de 8%	70-180 (3.9-10.0)
menor de seis años de edad	7.5%-8.5%	80-200 (4.5-11.1)

* Algunos especialistas sugieren ahora que todos los niños deben tener como meta una HbA1c por debajo de 8% y los adultos deben aspirar a un nivel por debajo del 7%.

**Los valores del azúcar en la sangre se dan en mg/dl, con el mmol/L entre paréntesis. Estos valores deben ser la meta tanto en ayunas (p.ej., en la mañana), como para dos horas después de los alimentos.

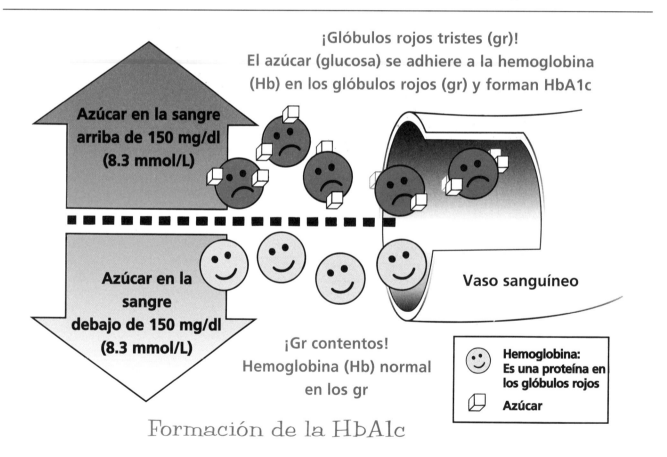

¡Glóbulos rojos tristes (gr)!
El azúcar (glucosa) se adhiere a la hemoglobina
(Hb) en los glóbulos rojos (gr) y forman HbA1c

Azúcar en la sangre arriba de 150 mg/dl (8.3 mmol/L)

Azúcar en la sangre debajo de 150 mg/dl (8.3 mmol/L)

¡Gr contentos!
Hemoglobina (Hb) normal en los gr

Vaso sanguíneo

Hemoglobina: Es una proteína en los glóbulos rojos
Azúcar

Formación de la HbA1c

Cuatro de los factores más importantes que influencian el control del azúcar en la sangre.

Los cuatro deben estar en equilibrio para lograr un control óptimo del azúcar. El control del azúcar en la sangre se mide verificando diariamente los niveles del azúcar en la sangre y haciendo la prueba de los niveles de hemoglobina A1c (HbA1c) cada tres meses.

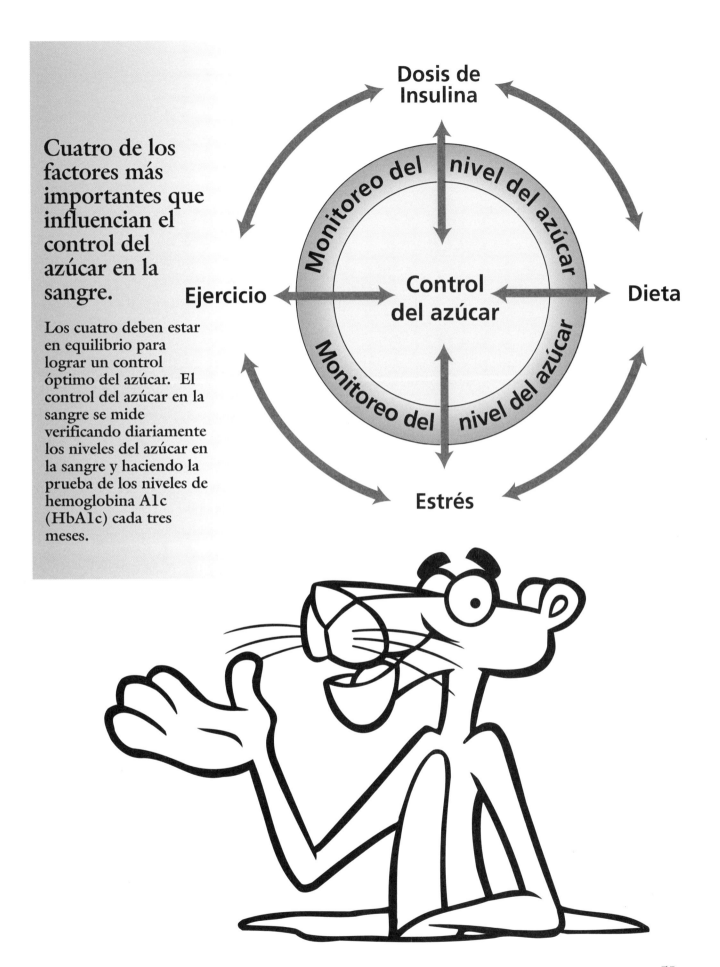

Dosis de Insulina

Ejercicio

Dieta

Estrés

Monitoreo del nivel del azúcar

Control del azúcar

Monitoreo del nivel del azúcar

Tabla
Las Dos Situaciones de Emergencia de la Diabetes

	Nivel bajo del azúcar en la sangre (Capítulo 6) (Hipoglucemia o reacción de la insulina)	Cetoacidosis (Capítulo 15) (Acidosis o DKA)
Debido a:	Nivel bajo del azúcar en la sangre	Presencia de cetonas
Tiempo de inicio:	Rápido – en segundos	Lento – en horas o días
Causas:	Poco alimento Demasiada insulina Demasiado ejercicio sin alimentos Retrasar o saltar una comida o bocadillo Excitación en los niños pequeños	Muy poca insulina No se le aplicó insulina Infecciones/enfermedad Estrés corporal traumático Mal funcionamiento de las inserciones de la bomba
Azúcar en la sangre:	Baja (debajo de 60 mg/dl o 3.3 mmol/L)	Normalmente alta (más de 240 mg/dl o 13.3 mmol/L)
Cetonas:	Normalmente ninguna en la orina o en la sangre	Normalmente moderada/grande en la orina o en la sangre; cetonas de más de 0.6 mmol/L.
Level:	**SÍNTOMAS** Hambre, temblor, sudor, nerviosismo	**SÍNTOMAS** Sed, orinar con frecuencia, olor afrutado en el aliento, poca o moderada cantidad de cetonas en la orina o de 1.0 mmol/L cetonas en la sangre.
	TRATAMIENTO Dar jugo o leche. Esperar 10 minutos y dar alimento sólido.	**TRATAMIENTO** Dar muchos líquidos e insulina Humalog/NovoLog/Apidra o Regular cada dos o tres horas.
Moderada:	Dolor de cabeza, cambios de conducta, visión borrosa o doble, confusión, ganas de dormir, debilidad o dificultad para hablar. Dar glucosa instantánea o azúcar de acción rápida, jugo o soda con azúcar (4 onzas). Después de 10 minutos, dar alimento sólido.	Boca seca, náuseas, calambres, en el estómago, vómito, cetonas grandes o moderadas en la orina cetonas en la sangre entre 1.0 and 3.0 mmol/L. Contacto continuo con el médico o clínica. Dar muchos líquidos. Dar Humalog/NovoLog/Apidra o Regular cada dos o tres horas. Dar medicina Phenergan (supositorios o crema de aplicación local). si hay vómito.
Severa:	Pérdida del conocimiento o ataques. Aplicar glucagón intramuscular o en la grasa. Hacer prueba del azúcar. en la sangre. Si no responde llamar al (911) o ir a Emergencias.	Dificultad para respirar, debilidad extrema, confusión y pérdida eventual del conocimiento (coma) cetonas grandes en la orina, o cetonas en la sangre arriba de 3.0 mmol/L. **Vaya a la sala de emergencias.** Puede necesitar líquidos intra venosos e insulina.

Capítulo 15
Cetonuria y acidosis
(cetoacidosis diabética o CAD)

Es la segunda situación de emergencia de la diabetes tipo 1 (la otra es el nivel bajo del azúcar en la sangre).

¿QUÉ DA COMO RESULTADO LA CAD?

La CAD ocurre cuando se van formando cetonas en el cuerpo debido porque no hay suficiente insulina.

Las *cetonas*:

- son producidas en el cuerpo como resultado del metabolismo de las grasas cuando no se puede utilizar el azúcar para energía (no hay suficiente insulina).

- son ácidos que se producen cuando el cuerpo usa grasa para obtener la energía que necesita.

¿CÓMO SE INICIA?

- Primero, el cuerpo derramará cetonas en la orina (**cetonuria**) cuando no hay suficiente insulina.

- Si el cuerpo aún no obtiene la insulina que necesita, las cetonas (ácido) se van acumulando en la sangre (**CAD**: **C**etoacidosis **D**iabética)

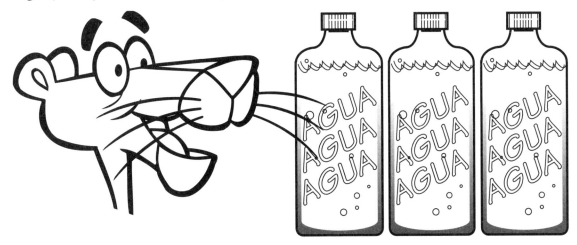

El nivel alto del azúcar en la sangre hará que tengas sed. Beber mucho ayuda a "eliminar" las cetonas.

¿CUÁLES SON LAS CAUSAS PRINCIPALES DE LA CETONURIA O DE LA CAD?

1. Olvidarse de aplicar una o más inyecciones de insulina. Administrar insulina "echada a perder" (insulina que se calentó demasiado [más de 90° F, 32° C] o que se congeló).

2. Enfermedad: generalmente la cantidad de insulina que se necesita es mayor, para proveer al cuerpo con la energía extra que necesita para luchar contra la enfermedad.

3. No se aplicó suficiente insulina (una dosis demasiado pequeña).

4. Una bomba de insulina que no funciona o que ha sido desconectada del cuerpo.

5. Un estrés traumático en el cuerpo (particularmente con la diabetes tipo 2).

La CAD puede ser muy peligrosa. Generalmente no ocurre, a menos que hayan estado presentes grandes cantidades de cuerpos cetónicos en la orina o en la sangre por arriba de 3.0 mmol/L durante varias horas. En general ocurre en las personas que tienen diabetes y se les olvida verificar las cetonas en la sangre o en la orina como se indica (ver más abajo).

¿QUÉ DEBE HACERSE PARA EVITAR LA CAD?

- revise para ver si hay cetonas en la sangre o en la orina:

  - cuando el nivel del azúcar en la sangre esté a más de 240 mg/dl (13.3 mmol/L) en la mañana

  - cuando el nivel del azúcar en la sangre esté por encima de 300 mg/dl (16.7 mmol/L) a cualquier hora del día

  - con cualquier enfermedad (aún si vomita sólo una vez)

- Llame inmediatamente al doctor que le está atendiendo la diabetes si se encuentran cetonas en la orina en cantidades moderadas, grandes, o si las cetonas en la sangre están más altas que 1.0 mmol/L.

- Cuando se encuentren cantidades moderadas de cetonas en la orina o en la sangre arriba de 1.0 mmol/L, se aplica insulina extra de acción rápida cada dos a tres horas para detener la formación de más cetonas.

- La familia debe llamar al doctor o a la enfermera cada dos a tres horas. Se necesitarán dosis extra de insulina de acción rápida, cada dos horas, hasta que desaparezca el nivel alto de cetonas en la sangre o las cantidades moderadas o grandes de cetonas en la orina.

- También es importante beber muchos líquidos. Los líquidos ayudan a eliminar las cetonas.

- Lo mejor es **NO** hacer ejercicio pues se puede incrementar el nivel de cetonas. Cuando el nivel del azúcar en la sangre sea menor a 150 mg/dl (8.3 mmol/L), se pueden agregar jugos y otros líquidos con azúcar.

- Es importante mantener el nivel del azúcar en la sangre suficientemente alto, de manera que se pueda dar insulina para detener la producción de cetonas sin causar un nivel bajo del azúcar en la sangre.

- Las personas que estén tomando metformin (Glucophage) deben suspender esta medicina hasta que haya pasado la enfermedad.

Hemos descubierto que la CAD puede prevenirse en un 95% de las veces si se siguen las instrucciones contenidas en este capítulo.

¿CUÁLES SON LAS SEÑALES DE LA CAD?

- Generalmente el nivel del azúcar en la sangre es alto. Un nivel alto del azúcar en la sangre causa sed y que orine con frecuencia.

- Con una cantidad grande de cetonas se pueden presentar dolores de estómago, vómito o un olor afrutado en el aliento.

- Si grandes cantidades de cetonas en la orina han estado presentes por muchas horas o si las cetonas en la sangre están arriba de 3.0 mmol/L, pueden presentarse dificultades para respirar. Ésta es una señal que indica que hay que ir a la sala de emergencias.

El alto nivel del azúcar en la sangre te hará que vayas al baño con más frecuencia.

CÓMO VERIFICAR SI HAY CETONAS:

__Muestra de sangre:__ la cetona más importante (llamada beta-hidroxibutirato [ß-OHB]) se puede cuantificar con el medidor Precision Xtra™. El resultado de la prueba de la cetona en la sangre se da en forma de un número y es el método más preciso que existe.

__Muestra de orina:__ puede verificar la orina usando una prueba con un palillo indicador como el Ketostix™ que mide una cetona diferente (llamada ácido acetoacético) . Después compare el color del cojincillo del palillo con los colores del diagrama. El resultado de la prueba se da en una lectura de negativo, indicios, una cantidad pequeña, moderada, grande o muy grande.

Una investigación científica descubrió que las familias, cuando los niños estaban enfermos, hacían la prueba de cetonas más si usaban el __medidor para la sangre__ (91%), en comparación con las que usaban un palillo indicador en la orina (56%).

Tabla
Comparación de las Lecturas de Cetonas en la Sangre y en la Orina

Cetonas en la Sangre		Cetonas en la Orina	
(mmol/L)	Color de la tira de pruebas	Nivel	Medidas a tomar
menos de 0.6	cambio ligero/sin color	negativo	normal - no acción es necesario
0.6 a 1.0	morado claro	pequeño a moderado*	insulina y líquidos extra***
1.1 a 3.0	morado oscuro	moderado a grande**	llamar a la enfermera o al doctor**
mas de 3.0	morado muy oscuro	muy grande	ir directamente a un centro de pediatría o emergencias

*Generalmente se aconseja llamar a un médico si hay un nivel de cetonas en la sangre más alto de 1.0, o con lecturas en las cetonas de la orina que sean de moderadas a grandes.

***Si el nivel de la glucosa en la sangre está por debajo de 150 mg/dl (8.3 mmol/L), debe tomarse un líquido con azúcar (p.ej., jugo).

Compruebe la presencia de cuerpos cetónicos antes de llamar a su medico cuando no se sienta bien.

Capítulo 16

Manejo de los días de enfermedad y en caso de cirugía

MANEJO DE LOS DÍAS DE ENFERMEDAD

Los niños con diabetes se enferman igual que los otros niños. En promedio a los niños les da catarro ocho veces al año. Esto puede tener efectos en el menejo de la diabetes.

Es importante:

🐾 Hacer pruebas para detectar **cetonas en la orina y/o en la sangre**, y del nivel del azúcar en la sangre, siempre que se presente cualquier enfermedad. Compruebe las cetonas aún si el nivel del **azúcar en la sangre** es normal.

- Llame a su doctor o a su enfermera si los resultados de las cetonas en la orina son moderados o grandes, o si el nivel de las cetonas en la sangre (usando el medidor Precision Xtra™) está por arriba de 1.0 mmol/L.

- Mientras más pronto someta a tratamiento a las cetonas con dosis adicionales de insulina Humalog/NovoLog/Apidra o Regular y con líquidos, habrá menos riesgo de que su hijo tenga que ir al hospital.

🐾 **Aplíquele siempre algo de insulina.**

- Si se presenta vómito y las cetonas son negativas; pudiera ser que haya que bajar la dosis, pero debe administrarse alguna cantidad de insulina.

- Si la persona vomita tres veces o más, puede ser útil aplicar Phenergan a través de un supositorio o una aplicación tópica en la piel, o tabletas orales disueltas llamadas Zofran® (los niños menores de dos años de edad no deben usar supositorios Phenergan).

🐾 El glucagón puede mezclarse y administrarse con una jeringa de insulina, igual que la insulina.

- Éste ayuda cuando el nivel del azúcar en la sangre está bajo y continúa el vómito (vea el Capítulo 6).

- La dosis es de una unidad por cada año de edad, hasta un máximo de 15 unidades. (Los niños menores de dos años se aplican dos unidades)

- No debe administrarse si las cetonas de la orina son moderadas o grandes (o si el nivel de cetonas en la sangre está por arriba de 1.0 mmol/L).

- Llame a su doctor o a su enfermera antes de aplicar la inyección de glucagón si tiene alguna pregunta. El glucagón se puede repetir cada 20 minutos si es necesario.

🐾 Muchos medicamentos tienen etiquetas de advertencia, indicando que personas con diabetes no deben usar esa medicina. Esto se debe a que esa medicina puede elevar el nivel del azúcar en la sangre.

- Nuestro punto de vista es, si se necesita la medicina, que se administre. En todo caso, siempre podemos dar un poco más insulina si es necesario

- Los esteroides (p.ej., la prednisona) son los medicamentos más difíciles (a menudo se usan para el asma) y, si se prescriben, debe notificársele a quien esté proporcionando atención médica para la diabetes.

🐾 Los jóvenes con diabetes tipo 2 deben recordar también que se les debe revisar el nivel de cetonas en la orina y/o en la sangre.

- Si la persona está recibiendo metformina (Glucophage), debe suspenderse la administración de esas pastillas durante la enfermedad. (Puede desarrollarse una enfermedad llamada acidosis láctica.)

- En general, lo mejor es volver a las inyecciones de insulina durante la enfermedad.

- Llame a su doctor o a su enfermera si quiere hacer alguna pregunta.

MANEJO DE LA CIRUGÍA

Si hay planes para efectuar una cirugía:

🐾 Llame a quien le esté proporcionando atención médica para la diabetes **DESPUÉS** de que se entere usted de la hora de la cirugía, y si le van a permitir comer alimentos en las cantidades acostumbradas.

🐾 Lleve con usted a la cirugía las cosas que necesite para el tratamiento de la diabetes.

- medidor del azúcar en la sangre y tiras de prueba, con el perforador (la lanceta)

- insulina y jeringas

- tabletas o gel de glucosa (dextrosa)

- tiras indicadoras de las cetonas en la sangre y el medidor, o Ketostix para la orina

- equipo de emergencia de glucagón

- si está usando una bomba, equipo para cambiar la inserción si es necesario

🐾 Lleve consigo una tarjeta con números telefónicos, con el teléfono del médico que le da atención para la diabetes.

🐾 Si usted o su hijo recibió una insulina basal (p.ej., por medio de una bomba de insulina o por medio de una inyección de Lantus o Levemir), la insulina basal puede continuar administrándose durante el período de la cirugía. Tan pronto como le permitan comer, puede reiniciar otras inyecciones de insulina y las dosis de bolo con la bomba.

Tabla 1

MANEJO DEL VÓMITO (SIN CETONAS)

Evite alimentos sólidos hasta que se haya detenido el vómito.

Si el vómito es frecuente, algunos doctores recomiendan que se aplique un supositorio de Phenergan o las tabletas que se disuelven en la boca y que se llaman Zofran, para reducir el vómito. Luego espere una hora para dar líquidos, hasta que el supositorio esté funcionando (los niños menores de dos años de edad no deben usar supositorios de Phenergan).

Si usted no tiene supositorios, pida que le den una receta para surtirlos cuando vaya a la clínica.

Empiece gradualmente a dar líquidos (jugo, Pedialyte®, agua, etc.) en cantidades pequeñas. Los jugos (especialmente el de naranja) reponen las sales que se pierden con el vómito o la diarrea. También hay disponibles paletas heladas de Pedialyte.

🐾 Empiece con una cucharadita de líquido cada 10 a 20 minutos.

🐾 Si el azúcar en la sangre está por debajo de 100 mg/dl (5.5 mmol/L):

  • Se puede dar refresco (soda) con azúcar.

  • Para algunos niños funciona bien chupar un pedazo de dulce sólido.

🐾 Si el nivel del azúcar en la sangre está por debajo de 70 mg/dl (3.9 mmol/L) y la persona está vomitando, aplique glucagón de la misma manera que aplica la insulina. La dosis es de 1 unidad por año de edad hasta un máximo de 15 unidades. Se puede repetir la dosis cada 20 minutos si es necesario.

🐾 Si el nivel del azúcar en la sangre está por arriba de 150 mg/dl (8.3 mmol/L), no le dé refresco que contenga azúcar.

🐾 Si no se presenta más vómito, aumente gradualmente la cantidad de líquido.

🐾 Si vuelve a empezar el vómito, puede ser necesario hacer que el estómago descanse durante otra hora y luego volver a empezar con cantidades pequeñas de líquidos. Puede aplicarse de nuevo un supositorio o se puede dar una tableta de Zofran después de tres o cuatro horas.

Después de algunas horas sin vomitar, vuelva gradualmente a la dieta normal. Muchas veces es bueno empezar con sopas, pues proporcionan los nutrientes que se necesitan.

Tabla 2
ALIMENTOS PARA LOS DÍAS DE ENFERMEDAD

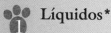 **Líquidos***

- Jugos de fruta: manzana, arándano (cranberry), uva, toronja, naranja, piña, etc.

- Bebidas que contengan azúcar: 7Up® regular, ginger ale, jugo de naranja, cola, PEPSI®, etc.

- Bebidas con sabores de frutas: Kool-Aid regular, limonada, Hi-C®, etc.*

- Bebidas deportivas: Gatorade, POWERADE®, etc., de cualquier sabor

- Té con miel o azúcar

- Pedialyte, o Infalyte® (especialmente para los niños pequeños)

- JELL-O® (gelatina): regular (para los bebés, gelatina líquida, calentada en el biberón) o de dieta

- Paletas heladas, con azúcar o de dieta

- Sopa tipo caldo: consomé, sopa de pasta con pollo, Cup-a-Soup®

 Alimentos sólidos (cuando el paciente esté listo)

- Galletitas saladas

- Plátanos (u otra fruta)

- Puré de manzana

- Pan regular o pan tostado

- Galletas Graham

- Sopa

*Podría ser necesario que estas bebidas no tuvieran azúcar, dependiendo del nivel del azúcar en la sangre (p.ej., más alto de 150 mg/dl [8.3 mmol/L]).

Tabla 3
MANEJO DE LOS DÍAS DE ENFERMEDAD: CUÁNDO LLAMAR PARA RECIBIR ATENCIÓN DE EMERGENCIA

- Si el paciente ha vomitado más de tres veces y no puede retener nada en el estómago, y las cetonas en la orina no son moderadas o grandes, o las cetonas en la sangre no están por arriba de 1.0 mmol/L, llame a su doctor que le da atención médica general.

- *Si necesita ayuda con una dosis de insulina, llame a quien le da atención médica para la diabetes.*

- Si están presentes cetonas moderadas o grandes, o las cetonas en la sangre están arriba de 1.0 mmol/L, llame al médico que le da atención médica para la diabetes.

- Si tiene usted dificultades para respirar o tiene una "respiración acelerada", necesita ir a una sala de emergencia. Normalmente esto indica una acidosis severa (cetoacidosis).

- Nivel bajo del azúcar en la sangre (hipoglucemia):

Si hay algún comportamiento anormal, tal como confusión, mala articulación al hablar, visión doble, imposibilidad para moverse o para caminar, o espasmos, alguien debe darle azúcar o glucosa instantánea. (El glucagón [Capítulo 6] se administra si la persona ha perdido el conocimiento o si se presenta alguna convulsión [ataque].) Debe ponerse en contacto con quien le dé atención médica para la diabetes si ocurre alguna reacción severa. En caso de una convulsión o pérdida del conocimiento, puede ser necesario llamar a los paramédicos o ir a una sala de emergencia. Tenga siempre cerca de su teléfono un número telefónico de emergencia.

Su dosis de insulina puede cambiar cuando esté enfermo, pero siempre necesita algo de insulina.

El apoyo de la familia es muy importante para
los niños con diabetes.

Capítulo 17
La familia se preocupa

Hoy en dia la diabetes se considera una enfermedad familiar. Esto significa que todos los miembros de la familia deben ayudar. Los niños que tienen el mejor desempeño con la diabetes cuentan con la ayuda y apoyo de sus padres.

🐾 Es importante que a los niños con diabetes se les dé un trato igual al de otros niños. Una buena regla a seguir es:

PENSAR PRIMERO EN EL NIÑO Y LUEGO EN LA DIABETES.

🐾 Es importante que todos los miembros de la familia compartan lo que sienten (consulte el Capítulo 10).

🐾 Los hermanos y hermanas con frecuencia se sienten ignorados cuando un niño con diabetes requiere más atención.

🐾 Este asunto se debe platicar con los otros niños y se debe buscar el tiempo necesario para atendelos también.

🐾 Tal vez la acción más importante de apoyo y cariño que los papás, los hermanos y las hermanas pueden demostrar hacia la persona con diabetes es deshacerse de los alimentos con alto contenido del azúcares (dulces, bebidas gaseosas azúcaradas, donas, galletas, etc) que tenga en su casa . Estos alimentos tienen muy poco valor nutritivo . Si los tiene en su casa, la persona con diabetes se los puede comer sin aplicarse insulina extra, lo cual aumentaría el nivel del azúcar en la sangre.

ESPECIFICAS DE PREOCUPACIÓN

El diagnóstico de diabetes en un miembro de la familia puede ocasionar estrés al resto de la familia.

Uno de los cuatro factores más importantes que afectan el nivel del azúcar en la sangre es el estrés (consulte el Capítulo 14). La trabajadora social o el psicólogo estarán a su disposición para ayudarlos a manejar el estrés, en caso de ser necesario.

Divertirse mucho o tener mas actividad de lo normal puede causar que disminuya el nivel del azúcar en la sangre. Hay que planificar con anticipacion para las siguientes actividades:

- Días de campo familiares
- Cuando se queden a dormir en otra casa
- Viajes a la playa
- Días de campo y viajes de la escuela
- Excursiones a parques de diversión
- Días especiales como Navidad o Hanukkah

Planificar de manera anticipada, reducir la dosis de insulina y comer más bocadillos les puede mejorar su día a todos. Usar un brazalete de identificación es importante cuando se sale de viaje o de paseo.

 El miedo a las agujas se presenta en muchos niños y sus padres. El equipo psico-social puede serles útil, específicamente para sugerir distracciones (televisión, juguetes, libros) o técnicas para sentirse mas relajados. También hay aparatos como el Injectease (B-D) o el uso de Insuflon (Capítulo 9) que pueden ayudar.

 Olvidarse de aplicar una o mas inyecciones de insulina resultará en niveles elevados del HbA1c y aumentará el riesgo de desarrollar complicaciones de la diabetes. Es muy importante que todos en la familia ayuden a que los ninos no se olviden de poner las inyecciones.

Los trabajadores sociales y psicólogos están para ayudarlos a adaptarse.

Primero piense en su niño y
DESPUÉS en la diabetes.

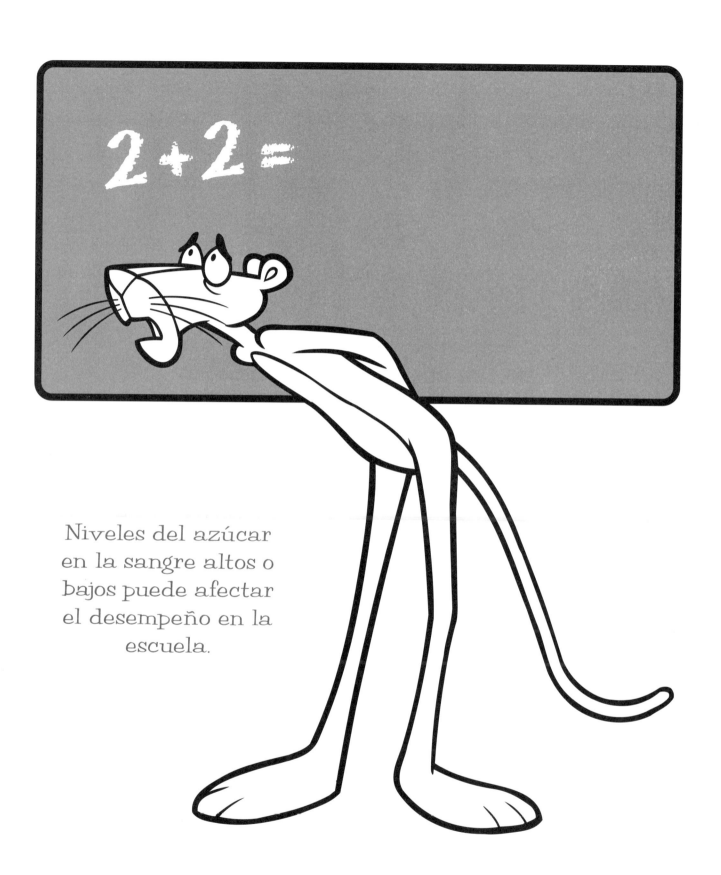

Niveles del azúcar
en la sangre altos o
bajos puede afectar
el desempeño en la
escuela.

Capítulo 18
Las responsabilidades de los niños según su edad

Los niños de diferentes edades son capaces de llevar a cabo diferentes tareas y responsabilidades. Éstas pueden variar día a día y semana a semana. Esto se aplica tanto a las tareas relacionadas con la diabetes como a las no relacionadas con la enfermedad. Para los miembros de la familia es útil tener lineamientos sobre qué se puede esperar de los niños a las diferentes edades.

(Vea las tablas de responsabilidades según la edad en *"Para Entender la Diabetes,"* Capítulo 18.)

Niños menores de 8 años de edad

- Los padres hacen todas las tareas e inyecciones.

- Los niños aprenden gradualmente a cooperar.

- Con los niños, a veces tenemos que poner las inyecciones después de las comidas, si no sabemos si van a comer bien (la dosis de insulina dependera de lo que comieron).

Niños entre 8 y 12 años de edad

- Los niños empiezan a ponerse algunas de sus inyecciones ellos solos. Un error común es delegar demasiada responsabilidad antes de que el niño esté listo para afrontarla. Un ejemplo de esto es administrar las inyecciones de insulina. El control del movimiento refinado y el sentido de la precisión necesarios para extraer la insulina no se desarrollan sino hasta la edad de 10 a 14 años.

- Es importante continuar revisando las dosis de insulina que extraen los niños para asegurarse de que están haciéndolo correctamente.

- El concepto necesario para mantener un buen control del azúcar para prevenir complicaciones de la diabetes más adelante, puede empezar a desarrollarse alrededor de los 13 años. Consulte las tablas que contienen información sobre las responsabilidades según la edad que se encuentran en el libro grande.

- El período de edad adecuado para que un amigo se quede a dormir en la casa o para que el niño afectado con la diabetes pase la noche en la casa de un amigo se inicia a los 12 años. Ya que los niños son muy activos y utilizan más energía de lo normal cuando están despiertos, se recomienda reducir la dosis de insulina.

Entre los 13 y los 18 años de edad

Una de las tareas más difíciles para muchos adolescentes es anotar los niveles del azúcar en la sangre en el cuaderno de anotaciones. Pero es importante hacer esto o se perderán las tendencias que siguen los niveles del azúcar en la sangre. Con frecuencia los padres están de acuerdo con ayudar en esto (si el adolescente da su consentimiento). Esta es una forma de mantener a los padres en el equipo, y de aumentar la supervision si el adolescente no esta realizando todas las medidas.

A QUE EDAD SE ALCANZA LA INDEPENDENCIA DEL CUIDADO DE LA DIABETES?

- A los niños se les debe animar para asumir la responsabilidad de atenderse a sí mismos cuando demuestren que lo pueden hacer.

- No existe una edad "mágica" cuando los niños deben ser responsables de hacerlo todo.

- Si desde un principio se espera demasiado, esto podría causar que el niño se sienta fracasado, que su autoestima baje y que no se sienta motivado para cuidar de de sí mismo.

El apoyo de un adulto puede ser de gran valor a una persona con diabetes sin importar la edad.

Un reloj con alarma puede ser útil para recordar a un niño que necesita comer un bocadillo o ponerse la insulina.

Llegó la hora de comer un bocadillo.

Los niños entre los ocho y catorce años de edad pueden ayudar a controlar su diabetes.

Los adolescentes
tienen sus propios
desafíos especiales.

74

Capítulo 19
Los desafíos especiales que enfrentan los adolescentes

La adolescencia es una época en que los jóvenes vacilan entre querer ser adultos independientes y querer ser niños dependientes. Asimismo, no es sorpresa alguna el hecho de que también vacilen al asumir las responsabilidades conectadas con la diabetes. Muchos estudios de investigación muestran que cuando los padres se mantienen involucrados en el manejo de la diabetes, la diabetes estará mejor controlada.

LOS DESAFIOS

🐾 Muchas veces los años de la adolescencia son los más difíciles para tener un buen control de la diabetes (un buen nivel de HbA1c). Pero, a pesar de eso, son años importantes en relación con las complicaciones de la diabetes.

🐾 Los adolescentes que participaron en el tratamiento intensivo del estudio DCCT (capítulo 14) tuvieron visitas semanales a la clínica, pero el promedio de su HbA1c fue de 8.1%, comparado con 7.1% en los participantes adultos.

🐾 Las hormonas sexuales y las del crecimiento están en niveles altos e interfieren con la actividad de la insulina.

🐾 El uso de una bomba de insulina, de inyecciones de insulina mas frecuentes, y de las nuevas insulinas de línea basal (Lantus o Levemir), pueden ser útiles para algunos adolescentes. Sin embargo, si se omite la aplicación de insulina rápida antes de las comidas (o dosis de bolo para los que usan bombas), la HbA1c se mantendrá alta.

🐾 Es importante desarrollar hábitos para manejar un auto de manera segura durante la adolescencia. El nivel del azúcar en la sangre debe medirse siempre antes de sentarse al volante. Manejar un auto con un nivel bajo del azúcar en la sangre puede compararse con manejar embriagado.

🐾 Muchas veces la diabetes no representa un asunto prioritario para el adolescente. Los adolescentes tienen muchas preocupaciones especiales que incluyen:

- **la lucha por ser independientes**

- **el crecimiento, los cambios en su cuerpo**

- **la búsqueda de su identidad**

- **las relaciones con otros adolescentes de su misma edad**

- **la sexualidad**

- **la constancia:** Debido a que ser consistente se considera un concepto clave en el control de la diabetes (ya sea que se refiera a la alimentación, al ejercicio, al estrés o a la hora de administrar la inyección de insulina), es muy difícil para los adolescentes ser consistentes. No es sorprendente que a la diabetes se le conozca como "la enfermedad del compromiso."

- **manejar un automovil**

- **la universidad**

- **los cambios emocionales**

Todos estos desafíos se discuten en mas detalle en la 11 edición del libro *"Para Entender la Diabetes."*

- **Los padres deben:**

  - **encontrar la manera de participar siempre en el manejo de la diabetes.** Pueden ayudar para mantener al dia el cuaderno de anotaciones y para hablar sobre la dosis de insulina.

  - **estar siempre dispuestos a ayudar, pero sin ser sobrecargantes.** Se considera un gran ejemplo y es muy necesario que un adulto apoye a una persona con diabetes sin importar la edad.

- **No es de sorprender que con frecuencia se hable de la diabetes como una "enfermedad de compromiso".**

Los adolescentes con diabetes pueden llevar una vida normal.

Las actividades normales
de un adolescente pueden
proporcionar el ejercicio
necesario.

Clínica de Diabetes

Se les recomienda a las personas con diabetes hacer visitas a la clínica cada tres meses.

Capítulo 20
Atención a pacientes externos, educación, grupos de apoyo y estándares de cuidado

¿QUE DEBE HACERSE DESPUES DEL DIAGNOSTICO DE DIABETES?

🐾 Las personas que tienen diabetes tipo 1 deben hacer sus visitas regulares de seguimiento cada tres meses. La educación sobre la diabetes continua en cada visita.

🐾 Durante estas visitas, la dosis de la insulina puede cambiar. La dosis de insulina normalmente se incrementa media unidad por cada libra de peso que el niño hubiere aumentado (esto se hace simplemente para mantener la misma dosis según el peso).

🐾 Se revisa el crecimiento y otros marcadores del control del azúcar (tamaño del hígado, dedos encorvados). Si el nivel del azúcar en la sangre se mantiene alto, el azúcar se acumulará en las proteínas de las articulaciones y ocasionará una curvatura en los dedos.

🐾 En el examen físico se revisan otros detalles como el tamaño de la tiroides y los cambios en los ojos.

🐾 La prueba HbA1c de sangre (consulte el Capítulo 14) debe hacerse cada tres meses.

🐾 Es muy importante que el paciente, después de haber tenido diabetes por tres años como adolescente o como persona adulta, se haga exámenes de la vista a cargo de un oftalmólogo y análisis especiales de los riñones cada año (consulte el Capítulo 22).

🐾 Las personas con diabetes de tipo 2 deben hacerse sus exámenes de los ojos y sus pruebas de los riñones al momento del diagnóstico, y después cada año.

¿QUE OTRAS COSAS SON IMPORTANTES?

🐾 Muchas veces es útil comunicar los resultados de las pruebas del azúcar de la sangre a su equipo de atención médica periódicamente para hacer cambios en la dosis de la insulina.

🐾 Los familiares deben informarle a su equipo de atención médica si ocurre cualquiera de las siguientes situaciones:

- cualquier reacción severa por la disminución en el nivel del azúcar en la sangre (hipoglucemia)

- reacciones moderadas que sean frecuentes

79

- una cantidad moderada o grande de cetonas en la orina, o un nivel de cetonas en la sangre por encima de 1.0 mmol/L

- todo tipo de cirugía que se haya planificado

- si cuando menos la mitad de las pruebas del azúcar en la sangre no se encuentran dentro del rango de niveles deseados para buen control

- En muchas áreas existen grupos de apoyo y programas de educación especial (actualización sobre los estudios de investigación, talleres de trabajo para los abuelos, talleres de trabajo para jóvenes que van a entrar a la universidad, etc.).

Es muy importante enviar los resultados de las pruebas del nivel del azúcar en la sangre a la clínica por fax o correo electrónico entre visitas.

Para que se acuerde,
anote en el calendario
sus citas de seguimiento
que le corresponden cada
tres meses.

Es necesario que piense en su dosis de insulina.

Capítulo 21
Cómo ajustar la dosis de la insulina, los factores de corrección y las escalas "según la situación"

Entre seis a doce meses después de que se ha hecho el diagnóstico, muchas familias se hacen independientes en ajustar las dosis de la insulina.

¿CÓMO Y CUÁNDO DEBE CAMBIARSE LA DOSIS DE LA INSULINA?

Al seguir se mencionan cuatro métodos:

1. **Analizar las tendencias del nivel del azúcar en la sangre de la última semana:**

🐾 Es necesario saber qué insulina está actuando cuando el nivel sube o baja, para poder hacer los cambios correctos (vea las figuras del Capítulo 8).

🐾 Si más de la mitad de los valores del azúcar en la sangre, a cualquier hora del día, se encuentran por arriba del nivel deseado para la edad de la persona (vea la tabla del Capítulo 7):

• Debe aumentarse la dosis de la insulina que esté actuando en la hora en que subió el valor del azúcar.

• Si después de tres días los valores todavía se encuentran altos, la dosis puede incrementarse nuevamente.

🐾 Si el nivel del azúcar disminuye más de dos veces (por debajo de 60 mg/dl [3.3 mmol/L]) a la misma hora del día durante esa semana:

• La dosis de la insulina que esté actuando a esa hora debe disminuirse.

• Si hay más valores bajos, la dosis se puede disminuir nuevamente al día siguiente.

🐾 Para los niños pequeños, el cambio de la dosis puede ser de media unidad a una unidad.

🐾 Para niños mayores y para los adolescentes, el cambio de la dosis puede ser de una a dos unidades.

🐾 Los niveles del azúcar en la sangre serán más bajos el primer día después de haber aumentado la dosis de la insulina, y serán más altos el primer día después de haber disminuido la dosis de la insulina.

🐾 En el libro más grande, "Para Entender la Diabetes" (Capítulo 21) se proporcionan tablas para las personas que deseen sugerencias más detalladas para ajustar las dosis de insulina en el caso de niveles altos o bajos del azúcar en la sangre.

2. Uso de un "factor de corrección":

🐾 Algunas personas hacen una combinación usando un **"factor de corrección"** y el conteo de los carbohidratos (carb; vea el Capítulo 12) para determinar la dosis de insulina de acción rápida que deben aplicarse antes de los alimentos y de los bocadillos.

🐾 Puede usarse el **factor de corrección** para "corregir" un nivel alto del azúcar en la sangre a un nivel del azúcar en la sangre que se tenga como meta (p.ej., 150 mg/dl [8.3 mmol/L]).

🐾 El **factor de corrección más común** es aplicar una unidad de insulina por cada 50 mg/dl (2.8 mmol/L) de glucosa que esté por arriba de 150 mg/dl (8.3 mmol/L), p.ej., si el nivel del azúcar en la sangre es de 250 mg/dl (13.9 mmol/L), el factor de corrección sería de 2 unidades. Muchos adolescentes lo corrigen hasta tener 120 mg/dl (6.7 mmol/L) o hasta 100 mg/dl (5.5 mmol/L) durante el día. Sin embargo, cada persona es diferente y el factor de corrección debe ajustarse para adecuarse a la persona en particular.

🐾 A la hora de acostarse, durante la noche, o antes de hacer ejercicio, el factor de corrección normalmente se reduce a la mitad.

🐾 Generalmente es una buena idea esperar dos horas entre las correcciones de dosis de la insulina.

3. Uso de las escalas "según la situación":

🐾 La dosis de la insulina se calcula tomando en consideración muchos factores, entre ellos:

- el nivel del azúcar en la sangre
- las enfermedades
- el ejercicio que se haya hecho o el que se vaya a hacer
- el estrés
- los alimentos que se vayan a ingerir
- el ciclo de la menstruación

4. Cambios para la Lantus o Levemir:

🐾 Generalmente los ajustes se hacen basados en el nivel del azúcar en la sangre de la mañana (en ayunas).

🐾 Las dosis se aumentan o se disminuyen si los niveles del azúcar en la sangre están por arriba o por debajo de los niveles recomendados para la edad (vea el Capítulo 7).

🐾 Como se sugirió anteriormente, los cambios de las dosis para los niños pequeños pueden hacerse a razón de media a una unidad, y para los niños mayores (y para los adolescentes), a razón de una a dos unidades.

🐾 El tiempo sugerido que hay que esperar entre cambios de dosis ha sido mencionado arriba.

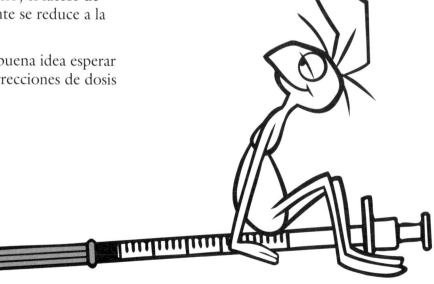

Tabla
Ejemplo de ajustes de la insulina

Azúcar en la Sangre		Factor de corrección*	Opciones de carbohidratos**	Total de
mg/dl	mmol/L	Unidades de Insulina	(15g carb)	Unidades de Insulina
Menos de 150	8.3	0	1	1
200	11.1	1	2	3
250	13.9	2	3	5
300	16.7	3	4	7

*Suponiendo que el factor de corrección es de 1 unidad de insulina de acción rápida, por cada 50 mg/dl (2.8 mmol/L) por encima de 150 mg/dl (8.3 mmol/L).

**Una opción de carbohidratos = 15g de carbohidratos. En este ejemplo, se aplica 1 unidad de insulina por cada opción de carbohidratos de 15g. En la Gran Bretaña, las opciones de carbohidratos son generalmente de 10g de carbohidratos.

Las dosis de insulina y
la cantidad de alimento que se ingiere
puede ser que necesite cambiarse con las
actividades deportivas.

E
AFG
BOPCI
VSLMRQK
XWDYHJNTZ

Vaya a que le hagan un examen de los ojos en forma regular.

Capítulo 22
Complicaciones a largo plazo de la diabetes

¿QUÉ SE PUEDE HACER PARA REDUCIR LOS RIESGOS DE ESTAS COMPLICACIONES?

- El estudio DCCT (Capítulo 14) ha demostrado que mantener los niveles del azúcar en la sangre bajo control puede reducir el riesgo de complicaciones causadas por la diabetes en los ojos, los riñones, los nervios y el corazón hasta un 76 por ciento.

- También ayuda evitar el tabaco (fumar o masticar).

- Otro factor es el control de la presión arterial. Los investigadores de nuestro Centro demostraron que el incremento en la presión arterial, aunque sea pequeño, es malo para los ojos y para los riñones.

¿CÓMO SE DETECTAN LAS COMPLICACIONES?

Problemas en las venas pequeñas:

- Los exámenes de los ojos (y algunas veces las fotografías) que hace el oftalmólogo detectan si se está desarrollando algún daño en los ojos.

- La prueba de la *micro-albúmina* muestra si se está en las primeras etapas de algún daño en los riñones, en un período en que todavía puede revertirse. Las instrucciones para hacerse la prueba de la micro-albúmina para detectar el principio de un daño en los riñones están al final del Capítulo 22 del libro "Para Entender la Diabetes". Nosotros preferimos las muestras de orina que se recogen durante la noche porque hay menos probabilidades de un resultado positivo falso.

- Las personas que hayan tenido diabetes tipo 1 durante tres años o más, y que hayan llegado a la pubertad (de 10 a 12 años de edad), deben hacerse pruebas de detección en los ojos y en los riñones una vez al año.

- Las personas que tengan diabetes tipo 2 deben hacerse las pruebas de los ojos y de los riñones poco después de hacerse el diagnostico, y después cada año.

- Puede ser que los familiares necesiten recordarle al equipo médico cuando sea tiempo para llevar a cabo la prueba de la micro-albúmina, o para la cita con el oftalmólogo.

- El tratamiento para cuando hay un principio de daño en los riñones o en los ojos consiste en mejorar el control del azúcar.

- El tratamiento para cuando hay un principio de daño en los riñones también consiste en bajar la presión arterial. A veces resulta muy útil una medicina para la presión arterial llamada inhibidor de la ECA.

- Si existen muchos cambios en los ojos, puede ayudar un tratamiento con rayos láser en la parte posterior de los ojos (retina), para evitar que avance el daño.

Problemas de los vasos mayores, en las personas adultas:

- Las personas adultas con diabetes corren mayores riesgos de ataques al corazón y de otras enfermedades vasculares.

- Cada año deben verificarse los niveles del colesterol y de un panel de lípidos.

- Como medida preventiva, puede resultar útil tomar una tableta de aspirina para niños y/o una cápsula de aceite de pescado (ácido graso omega-3), una o dos veces al día.

OTRAS ENFERMEDADES QUE LES PUEDEN OCURRIR A LAS PERSONAS CON DIABETES DE TIPO 1 SON:

1. **Problemas en la tiroides:** los problemas en la tiroides (al igual que la diabetes tipo 1) se deben a la auto-inmunidad (vea el Capítulo 3). Se forman anticuerpos en contra de la glándula tiroidea.

2. **Enfermedad celiaca**: ésta es una alergia a la proteína del trigo, llamada gluten. Se presenta en 1 de cada 20 personas con diabetes. Puede causar molestias estomacales (dolor, gases, diarrea), o un crecimiento deficiente. La mitad de las personas que tienen el síndrome celiaco no presentan síntomas. El tratamiento consiste en eliminar de la dieta todos los productos de trigo, centeno y cebada. Las páginas del internet para obtener más información sobre el síndrome celiaco y de los alimentos que hay que evitar, se encuentran en *"Para Entender la Diabetes."*

Las curvaturas en los dedos pueden ser una indicación de niveles altos del azúcar en la sangre durante muchos años.

¡NO FUME!
(¡ni mastique tabaco!)

Lista de verificación para los padres para el manejo de la diabetes en la escuela

_____ Discuta el cuidado específico de su niño con los maestros, la enfermera de la escuela, el conductor del autobús, los entrenadores, y otros miembros del personal que estarán involucrados.

_____ Complete el plan individualizado de salud de la escuela con la ayuda del personal de la escuela y el personal médico que esté atendiendo la diabetes de su niño.

_____ Asegúrese de que su niño entienda los detalles de quién le ayudará en la escuela con las pruebas, inyecciones y tratamiento del nivel bajo o alto del azúcar en la sangre. Los materiales deben conservarse en un lugar en donde siempre estén disponible cuando se necesiten.

_____ Haga arreglos para que la escuela envíe a casa las lecturas del nivel del azúcar en la sangre cada semana.

_____ Mantenga actualizados los teléfonos de donde lo/la pueden localizar. Consiga el equipo para usar en la escuela: medidor, tiras, perforador para el dedo, lancetas, insulina, jeringas para insulina, recipiente para tirar desechos biológicos, libro de registro o una copia de la hoja de registro de las pruebas, materiales extra para la bomba de insulina, tiras para las pruebas de cetona, fotografía del niño para la carpeta del maestro substituto.

_____ Alimentos y bebidas; los padres necesitan revisar todo el tiempo que no falten:

▼ latas o cajas de jugo (de aproximadamente 15g de carbohidratos cada una)

▼ tabletas de glucosa

▼ glucosa instantánea o gel para decoración de pasteles

▼ galletas (± de mantequilla de cacahuate y queso)

▼ monedas de 25 centavos para comprar sodas con azúcar si se necesita

▼ rollos de fruta

▼ fruta seca

▼ pasitas u otros bocadillos

_____ Caja con el nombre del niño para almacenar estos alimentos y bebidas

Capítulo 23
La escuela y la diabetes

El deseo de los padres es que su niño esté en buenas manos en la escuela. Es responsabilidad de los padres (no de los niños) informar y educar a la escuela. Los padres también desean que a su niño no se le trate diferente por el hecho de tener diabetes.

¿QUE DEBE HACERSE?

🐾 Muchas escuelas requieren ahora planes escolares de salud. En este capítulo se incluye un plan escolar individualizado de salud (puede usted copiarlo). En el libro grande se incluye una versión larga del plan escolar de salud. Los padres, junto con la enfermera, deben llenar esta forma. Después los padres pueden repasar el plan con la enfermera o ayudante de la escuela.

🐾 Como se puede observar en la lista de verificación, los padres también deben proporcionar los materiales para la escuela. Algunos niños tienen un medidor adicional para dejar en la escuela. Otros cargan con el mismo medidor y materiales que usan en su casa en su mochila.

🐾 El nivel bajo del azúcar en la sangre es la emergencia que se presenta con más frecuencia en la escuela. Es muy útil que la familia repase con la escuela la tabla sobre las reacciones ligeras, moderadas y graves (consulte el Capítulo 6). Los materiales necesarios para atender un nivel bajo del azúcar en la sangre son también proporcionados por los padres.

🐾 Se encuentran a su disposición dos cintas de video para mostrar al personal de la escuela. Estos videos se pueden pedir prestados en la clínica o se pueden comprar. La información para ordenar estos videos se proporciona en el libro grande.

PLAN INDIVIDUALIZADO DE SALUD
(PIS para ESCUELAS): DIABETES

Fotografía
del
estudiante

Estudiante _____ Fecha de nacimiento _____ Teléfono de casa _____

Madre _____ Teléfono trabajo _____ Teléfono celular _____

Padre _____ Teléfono trabajo _____ Teléfono celular _____

Tutor _____ Teléfono _____

Enfermera _____ Teléfono _____

Escuela _____ Grado _____ Maestro _____

Médico _____ Teléfono _____ Fax _____

Educador de diabetes _____ Teléfono _____ Plan 504 en el expediente ☐ Sí ☐ No

Hospital escogido _____ Fecha de diagnóstico _____

Problema de salud   Diabetes Tipo 1 o Tipo 2 _____

Tratamiento de rutina Meta del nivel del azúcar en la sangre: entre _____ y _____

Pruebas que se requieren del azúcar en la sangre en la escuela:

☐ Personal entrenado debe hacer la prueba del azúcar en la sangre.

☐ Personal entrenado debe supervisar la prueba.

☐ El estudiante puede hacerse solo las pruebas.

☐ El estudiante puede traer consigo los materiales.

Horas para hacer las pruebas del azúcar en la sangre:

☐ Antes del almuerzo.   ☐ Antes de Ed.Física

☐ Después del almuerzo   ☐ Después de Ed. Fís.

☐ Antes del bocadillo.   ☐ Antes de subir al autobús/irse a casa.

☐ Cuando se necesite y haya señales/síntomas de prueba donde se necesite

Llamar al padre/madre si la lectura del azúcar en la sangre están abajo de _____ o arriba de _____..

Medicinas que deben darse durante el horario escolar:

El estudiante toma ☐ medicina oral para la diabetes   Dosis: _____ **Horas de administración** _____.

El estudiante toma ☐ insulina. Tipo: _____ Dosis: _____ **Horas de administración** _____.

El estudiante toma ☐ insulina. Tipo: _____ Dosis: _____ **Horas de administración** _____.

Escala deslizante: Corrección del azúcar en la sangre y dosis de insulina usando insulina (de acción rápida): _____

Nivel del azúcar en la sangre _____ mg/dl Aplicar _____ unidades

Nivel del azúcar en la sangre _____ mg/dl Aplicar _____ unidades

Nivel del azúcar en la sangre _____ mg/dl Aplicar _____ unidades

Nivel del azúcar en la sangre _____ mg/dl Aplicar _____ unidades y revisar cetonas

Nivel del azúcar en la sangre _____ mg/dl Aplicar _____ unidades unidades y revisar cetonas

Nivel del azúcar en la sangre _____ mg/dl Aplicar _____ unidades unidades y revisar cetonas

Nivel del azúcar en la sangre _____ mg/dl Aplicar _____ unidades unidades y revisar cetonas

Proporción de insulina por carbohidratos _____ unidades por _____ gramos de carbohidratos a ingerir.

☐ El estudiante se aplica solo la insulina.

☐ El estudiante se inyecta solo y un adulto verifica la dosis.

☐ Personal capacitado debe aplicar las inyecciones.

☐ **El padre/madre o tutor autorizó incrementar o disminuir la escala deslizante.**

☐ **El padre/madre o tutor autorizó incrementar o disminuir la proporción de insulina por carbohidratos.**

Dieta: Hora del almuerzo: _____ Hora de Ed. Física: _____ Hora de recreo: _____

Hora para bocadillo _____ a.m. _____ p.m. Lugar donde están los bocadillos: _____ Lugar para comerlos: _____

El padre/madre o tutor son responsables de mantener los materiales necesarios, bocadillos, monitor de la glucosa en la sangre, medicinas y equipo.

NOMBRE DEL ESTUDIANTE: _____ FECHA DE NACIMIENTO: _____

Plan de respuesta en situación de emergencia

NIVEL BAJO DEL AZÚCAR EN LA SANGRE: (Hipoglucemia) – Debajo de 70 mg/dl

Nunca deje sin vigilancia al estudiante con bajo nivel del azúcar en la sangre. Si se le va a dar tratamiento fuera del salón de clases, **una persona responsable debe acompañar al estudiante a la clínica u oficina para que reciba más atención.**

Al estudiante debe dársele tratamiento cuando el azúcar en la sangre esté abajo de: _____ mg/dl.

Los síntomas podrían ser: con hambre, irritable, tembloroso, soñoliento, sudoroso, pálido, poco dispuesto a cooperar u otros cambios en el comportamiento

Síntomas adicionales del estudiante: _____

NIVEL LIGERAMENTE BAJO DEL AZÚCAR EN LA SANGRE (ESTUDIANTE ALERTA):

Tratamiento del nivel del azúcar en la sangre ligeramente bajo:

Revise el azúcar en la sangre. **Si no hay un medidor de la glucosa en la sangre disponible,** atienda de inmediato al niño con tratamiento para bajo nivel del azúcar.

Si el azúcar en la sangre está entre _____ mg/dl y _____ mg/dl y hay un almuerzo disponible, acompáñelo al almuerzo y ¡haga que el estudiante coma **inmediatamente!** Si no hay almuerzo disponible, déle el tratamiento siguiente de inmediato.

Si el azúcar en la sangre está abajo de _____ mg/dl, déle de 2 a 4 onzas de jugo puro o (1/3 de lata) de soda regular (con azúcar) o de 2 a 4 tabletas de glucosa.

Vuelva a revisar en 10 minutos. Si todavía está por debajo de _____ mg/dl, vuelva a dar el mismo tratamiento descrito arriba

Siga con un bocadillo o almuerzo cuando el azúcar en la sangre suba arriba de _____ mg/dl o cuando mejoren los síntomas.

Notifique a los padres y a la enfermera escolar.

Comentarios: _____

AZÚCAR EN LA SANGRE MODERADAMENTE BAJO (ESTUDIANTE NO ALERTA:

Síntomas: además de los mencionados para el azúcar ligeramente bajo, el estudiante puede estar **agresivo, desorientado, incoherente, o tiene problemas para hablar.**

Tratamiento para el azúcar en la sangre moderadamente bajo:

Si el estudiante está consciente pero no puede beber sin problema los líquidos que se le ofrecen:

✓ Adminístrele de 3/4 a 1 tubo (3 cucharaditas) de glucosa en gel, o de ¾ a 1 tubo de gel para decoración de pasteles.

✓ Colóqueselo entre la encía y la mejilla, luego déle masaje sobre la encía, elévele la cabeza y anímelo para que se lo pase. Puede ser que el estudiante no esté dispuesto a cooperar.

✓ Notifíqueles al padre/madre y a la enfermera escolar.

✓ Vuelva a hacerle una prueba en 10 minutos. Si está todavía abajo de _____ mg/dl, vuélvale a aplicar el mismo tratamiento.

✓ Déle un bocadillo regular después de volverle a hacer la prueba, una vez que el azúcar en la sangre suba por arriba de _____ mg/dl o cuando mejoren los síntomas.

Comentarios: _____

AZÚCAR DE LA SANGRE DRÁSTICAMENTE BAJO:

Los síntomas en el estudiante incluye: **convulsiones o pérdida del conocimiento, no poder o no querer tomar gel o jugo.**

Tratamiento para el azúcar en la sangre drásticamente bajo:

✓ **Permanezca con el estudiante**   ✓ Ruede al estudiante sobre su lado   ✓ No le ponga nada en la boca

✓ **Pídale a alguien que llame al 911**   ✓ Protéjalo para que no se lastime   ✓ Póngase en contacto con el padre/madre

Déle gucagón (si se prescribió y si hay alguna enfermera u otra persona delegada): Dosis = _____ cc o _____ unidades

☐ Intramuscular   ☐ Subcutánea

Comentarios: _____

NIVEL ALTO DEL AZÚCAR EN LA SANGRE: Debe dársele tratamiento al estudiante que tenga el azúcar en la sangre por arriba de _____ mg/dl.

Llame al padre/madre o tutor cuando el azúcar en la sangre esté más alto que _____ mg/dl.

Los síntomas podrían incluir (encierre en un círculo los que se apliquen): sed extrema, dolor de cabeza, dolor en el abdomen, náuseas, orinar cada vez más.

Síntomas adicionales del estudiante: _____

Tratamiento para el azúcar en la sangre alto: El estudiante debe:

✓ Tomar de 6 a 16 onzas de agua o de soda DE DIETA (sin cafeína), cada hora.   ✓ Debe permitírsele traer agua consigo.

✓ Usar el baño tan a menudo como lo necesite.

☐ Revise las cetonas de la orina o las cetonas de la sangre; si el azúcar está más alto de 300 mg/dl dos veces o cuando esté enfermo y/o vomite.

Si las cetonas de la orina son **moderadas a grandes,** o si las cetonas de la sangre están a más de 0.6 mmol/L, **¡llame de inmediato al padre/madre! No permita que el estudiante haga ejercicio. Aplique insulina si se le prescribió y hay personal capacitado disponible. Recomiende que se deje salir al estudiante de la escuela cuando las cetonas estén grandes para que se le dé tratamiento y lo monitoree más de cerca su padre/madre o tutor.**

Si el estudiante presenta náuseas, vómito, dolor de estómago o esté aletargado. Mande regresar al estudiante a clase si ninguno de los síntomas están presentes.

Información para paseos fuera de la escuela:

1. Notifíqueles a los padres y a la enfermera de la escuela con tiempo para que tengan un entrenamiento apropiado.

2. Personal adulto debe ser entrenado y responsable de las necesidades del estudiante durante el paseo.

3. El estudiante debe cargar con bocadillos extra, monitor de la glucosa en la sangre, copia del plan de salud, glucosa en gel u otros materiales de emergencia durante el paseo.

4. Las personas adultas que acompañen al estudiante en el paseo deben ser informadas sobre las necesidades médicas del estudiante, en la medida que necesiten saber.

MATERIALES	SE NECESITAN	NO SE NECESITAN
Medidor de la glucosa en la sangre y tiras de prueba	☐	☐
Lancetas con perforador	☐	☐
Tiras para la cetona de la sangre (si se usa el medidor Precision)	☐	☐
Tiras de prueba de las cetonas en la orina	☐	☐
Jeringas para insulina	☐	☐
Limpiador anti-bacterial para la piel o gasas con alcohol	☐	☐
Botella refrigerada de insulina de acción rápida – Tipo: _____	☐	☐
Tabletas de glucosa, gel para pastel Mate®, jugo u otra fuente de glucosa	☐	☐
Bocadillo con carbohidratos	☐	☐
Equipo de emergencia de glucagón (si la enfermera delega)	☐	☐
Recipiente para tirar objetos punzantes	☐	☐

Como padre/madre o tutor del estudiante mencionado, doy mi permiso a la enfermera escolar y a otros miembros designados del personal para que lleven a cabo las tareas de cuidado de la diabetes mencionadas en este Plan Individualizado de Salud (PIS) y para que el médico de mi hijo comparta la información con la enfermera escolar para llevar a cabo este plan. Entiendo que la información contenida en este plan será compartida con el personal escolar sobre la base de que se informe lo que se tenga que saber. Es responsabilidad del padre/madre o tutor notificar a la enfermera escolar siempre que haya algún cambio en la situación o atención médica del estudiante.

Padre/madre o tutor:: _____   Fecha: _____

Enfermera escolar:: _____   Fecha: _____

Hay disponible
un vídeo
para el personal escolar.

La información para ordenar este vídeo
se da en "Para Entender la Diabetes."

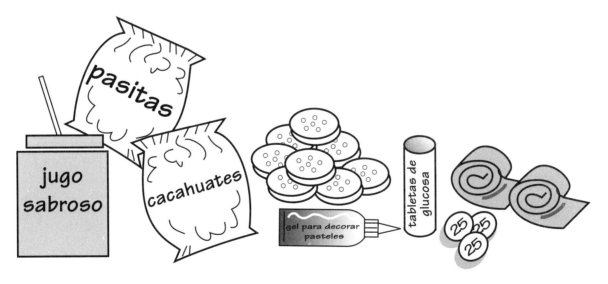

pasitas

jugo
sabroso

cacahuates

gel para decorar
pasteles

tabletas de
glucosa

25 25
25

Asegúrate de tener bocadillos a mano cuando estés en la
escuela en caso de que los necesites.

Mantenga
la lista de emergencias
en donde sea fácil
encontrarla

Capítulo 24

Las niñeras, los abuelos y otras personas que proporcionan atención

Es importante que los padres sientan que su hijo está seguro con otras personas que lo van a cuidar y que no son sus padres. También es importante que estas personas que van a cuidar al niño se sientan confiadas en que pueden hacer un buen trabajo.

¿QUÉ NECESITAN SABER

🐾 La cantidad de tiempo que va a pasar el niño con la persona que lo va a cuidar y la edad del niño, determinarán cuánta capacitación necesitan estas personas.

Todas las personas que proporcionan atención necesitan:

- alguna información sobre las señales que indican un bajo nivel del azúcar en la sangre y qué tratamiento deben aplicar. El nivel del azúcar en la sangre puede hacerse bajo en cualquier momento.

- alguna instrucción básica sobre los alimentos y como afectan la diabetes. En este capítulo hay dos páginas que pueden desprenderse o copiarse para dárselas a la persona que va a cuidar al niño.

- números telefónicos de emergencia para el caso de que no se pueda localizar a los padres. Esto ayuda a que todos se sientan mejor.

- saber inyectar, cuándo revisar para verificar las cetonas en la orina o en la sangre, y otra información más detallada si los padres van a salir durante un período más largo.

- una ración extra de insulina, etc. (en caso de que el frasco se caiga y se rompa).

🐾 Asistir a un "Taller de Trabajo para Abuelos" u alguna otra sesión educativa puede ayudar a que los abuelitos, las niñeras y otras personas que dan atención, aprendan sobre la diabetes.

- Es importante que el niño y sus abuelitos continúen teniendo una relación cercana.

- También puede ser útil alejar los temores de aplicar inyecciones o para dar atención cuando el nivel del azúcar en la sangre esté bajo.

🐾 Es recomendable que las personas que van a cuidar al niño asistan con los padres a las clases iniciales o a sus visitas a la clínica. Todos son bienvenidos.

Información para la niñera o para los abuelitos

Nuestro hijo/a _____ tiene diabetes.

Generalmente los niños con diabetes son normales y saludables. El cuerpo de un niño con diabetes no puede usar el azúcar porque el páncreas ya no produce la hormona insulina. Por ese motivo se necesitan inyecciones diarias de insulina La diabetes no es contagiosa. No es muy difícil cuidar a un niño con diabetes, pero es necesario informarse.

Nivel bajo del azúcar en la sangre

La única situación de emergencia que podría surgir rápidamente es el **NIVEL BAJO DEL AZÚCAR EN LA SANGRE** (también se le conoce como "hipoglucemia" o una "reacción a la insulina"). Esto puede surgir si el niño hace más ejercicio de lo acostumbrado o come menos de lo usual. *Las señales de que el azúcar en la sangre esta bajo varian de acuerdo al individuo y pueden incluir cualquiera de las siguientes:* (para obtener mas detalles lea el Capítulo 6).

1. Tener mucha hambre
2. Estar pálido, sudoroso, o tembloroso
3. Ojos vidriosos, con las pupilas dilatadas o "grandes"
4. Cara pálida o enrojecida
5. Cambios de la personalidad, como llorar o estar obstinado en algo
6. Dolor de cabeza
7. Falta de atención, flojera, ganas de dormir a una hora fuera de lo normal
8. Debilidad, irritabilidad, confusión
9. Cambios del habla y falta de coordinación
10. Si no se le atiende, pérdida del conocimiento y/o un ataque (convulsión)

Las señales que por lo común tiene nuestro hijo son: _____

_____

_____

AZÚCAR EN LA SANGRE: Idealmente se debe medir el azúcar en la sangre cuando aparezcan estos síntomas, a medida que sea posible. El azúcar en la sangre se tarda unos 10 minutos para subir después de tomar líquidos con azúcar. Así que se puede hacer la prueba del azúcar en la sangre aún después de tomar azúcar. Si no es posible medir el nivel del azúcar en la sangre de immediato, no espere para aplicar el tratamiento.

TRATAMIENTO: Déle azúcar (preferiblemente en forma líquida) para ayudar a elevar el azúcar en la sangre. *Se puede administrar cualquiera de los siguientes:*

1. Media taza de refresco (soda) que contenga azúcar – **NO un refresco de dieta**
2. Tres o cuatro tabletas de glucosa, paquetitos o cubos del azúcar
3. Media taza de jugo de fruta
4. Pastillas SALVAVIDAS (CINCO o SEIS pastillas) si el niño tiene más de tres años de edad
5. Medio tubo de Insta-Glucose o gel para decorar pasteles (vea lo que se menciona abajo)

Normalmente tratamos las reacciones con: _____

Si el niño está teniendo una reacción a la insulina y se rehúsa a comer o tiene dificultad para comer, déle Insta-Glucose, gel para decorar pasteles (1/2 tubo) u otra clase del azúcar (miel o jarabe dulce). Coloque el Insta-Glucose, un poquito a la vez, entre los cachetes (labios) y las encías y dígale al niño que se lo pase. Si el niño no puede tragar, acuéstelo y voltéele la cabeza hacia un lado para que no se ahogue. Usted puede ayudar a que la solución de glucosa se absorba, masajeando al niño en la mejilla.

Si ocurre un nivel bajo del azúcar (reacción a la insulina), o algún otro problema, llame por favor a:

1. Padre/madre: _____ al: _____

2. _____ al: _____

3. _____ al: _____

🐾 Alimentos y bocadillos

El niño debe tener sus alimentos y sus bocadillos a tiempo. El horario es el siguiente:

	Hora	Alimento que hay que darle
Desayuno	_____	_____
Bocadillo	_____	_____
Almuerzo	_____	_____
Bocadillo	_____	_____
Cena	_____	_____
Bocadillo	_____	_____

Algunas veces los niños pequeños no comen sus alimentos y bocadillos a la hora exacta que se sugiere. Si esto sucede, ¡no se aterre! Ponga el alimento al alcance del niño (muchas veces funciona ponerlo frente a la televisión) y déjelo tranquilo. Si no se ha comido el alimento en 10 minutos, recuérdele en forma amable. Deje un margen de 30 minutos para los alimentos.

🐾 Azúcar en la sangre

Puede ser necesario verificar el nivel del azúcar en la sangre (Capítulo 7) o las cetonas (Capítulo 5).

Los materiales que usamos para las pruebas son:

Los materiales se guardan en: _____

Anote por favor los resultados de las pruebas de la sangre o de la orina, en el cuaderno de anotaciones.

Hora: _____ Resultado: _____

🐾 Salidas

Asegúrese por favor de que, si el niño está fuera de casa, con usted o con amigos, lleve consigo algunos bocadillos o alguna fuente del azúcar.

🐾 Otras preocupaciones: *Las preocupaciones que tenemos son:*

_____

_____

_____

_____

_____

Si hay alguna pregunta, o si nuestro hijo no se siente bien o vomita, llámenos por favor, o llame a las otras personas que están en la lista. Gracias.

Prepárese para toda clase de situaciones cuando
haga planes para ir de acampada o salir de vacaciones.
En vacaciones, es importante hacer planes especiales.

Capítulo 25
Vacaciones y campamentos

CUANDO VAMOS A VIAJAR, ¿QUÉ DEBEMOS INCLUIR EN LOS PLANES?

- La insulina, las tiras para hacer las pruebas del azúcar en la sangre y el glucagón deben guardarse en una bolsa de plástico, dentro de una hielera cuando se viaje en automóvil. Estas tres cosas se echarán a perder si alcanzan una temperatura por encima de los 90º F (32° C) o si se congelan.

- Si el medidor ha estado en un lugar frío, es necesario esperar a que alcance la temperatura del medio ambiente antes de hacer alguna prueba del nivel del azúcar en la sangre

- El viaje en automóvil puede dar como resultado un nivel más alto del azúcar en la sangre debido a que hay menos actividad. Algunas veces se aplica insulina adicional.

- Acuérdese de llevar materiales para medir las cetonas.

- La insulina debe llevarla consigo en la cabina del avión y no empacarla en el equipaje "de cargo".

- Desde el 9/11/01, en los viajes por avión, es importante tener un frasco de insulina con la etiqueta de la farmacia impresa en la parte exterior de la caja. El glucagón también debe dejarse en su recipiente original. En los días de altos niveles de seguridad, puede ser necesario empacarlo en una maleta.

No han habido problemas, al pasar por los rayos X, por llevar insulina, bombas para la insulina ni otros materiales para la atención de la diabetes. Puede ser que también le pidan una carta del doctor que le atiende de la diabetes (con su número telefónico).

- Cuando sea posible, una segunda persona debe llevar materiales adicionales en el avión, o en una segunda maleta, para el caso de que se pierda alguna bolsa de mano o una maleta.

- Debe llevar bocadillos adicionales (deben llevarse tabletas del azúcar [dextrosa], barras de granola, etc.), para el caso de que los alimentos estén atrasados o no hayan alimentos disponibles.

- Generalmente no existen problemas por los cambios de horario dentro de los EE.UU., pero se debe pensar en eso cuando se salga fuera del país (llame a su doctor o enfermera). En cuanto a las bombas de insulina, se deben programar con la hora correspondiente a la zona hacia donde viajan.

- Si la actividad física va a aumentar (al jugar en la playa, ir de pesca, ir de excursión, salir a un parque de diversiones, etc.), debe disminuirse la dosis de la insulina.

CAMPAMENTOS

🐾 El campamento para diabéticos es muchas veces la primera oportunidad para que el niño y los padres demuestren que pueden sobrevivir uno sin el otro. La mayoria de los campamentos cuentan con doctores y enfermeras para la seguridad de los niños. Conocer a otros niños de la misma edad con diabetes puede traer beneficios. Pero lo más importante es que ¡los campamentos son muy divertidos!

🐾 Si va a ir a un campamento que no sea para diabéticos (o a un campamento escolar/al aire libre):

- Es esencial que la enfermera del campamento y el consejero de la cabaña sepan manejar la diabetes (que hacer en caso del azúcar alto o bajo, que hacer en caso de enfermedad, etc.).

- Ajustes de la insulina en dicho campamento deben hacerse bajo la supervisión del doctor o la enfermera que normalmente atienden la diabetes del niño.

- La familia deberá proporcionar todos los materiales para el manejo de la diabetes.

- Deben proporcionarse números telefónicos para reportar las lecturas del azúcar en la sangre y recibir instrucciones de cambios en la dosis de insulina, y para cualquier emergencia.

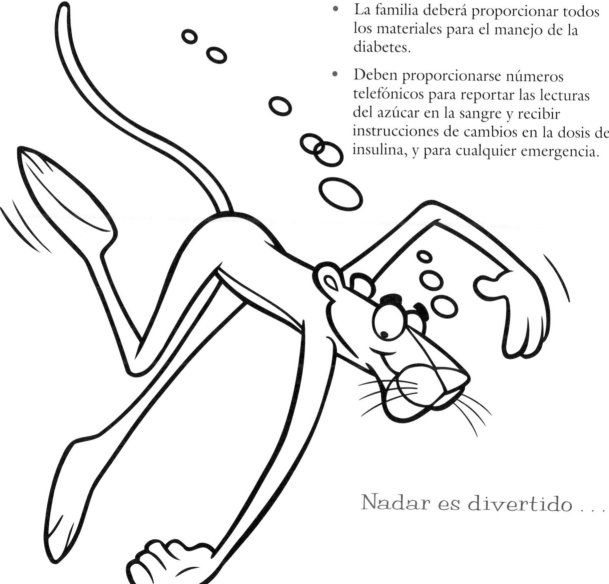

Nadar es divertido . . .

...y también montar a caballo.

Al usar una bomba de insulina,
a veces le aumenta a uno la energía.

Capítulo 26
El uso de bombas de insulina en el manejo de la diabetes

LA BOMBA

La bomba de insulina es una microcomputadora (del tamaño de un radio-localizador [pager]) que envia insulina en forma continua. Es importante entender que las bombas de insulina que se usan actualmente no ajustan de manera automática la dosis de insulina administrada de acuerdo al nivel del azúcar en la sangre. Con las bombas se usa sólo la insulina de acción rápida. En los últimos años las bombas se han hecho más populares. Las ventajas y las desventajas de las bombas se exponen en el Capítulo 26 del libro más grande *Para Entender la Diabetes.*

COMO APLICA LA INSULINA LA BOMBA?

🐾 La dosis **basal** envia cada hora una cantidad de insulina previamente programada.

🐾 La persona que usa la bomba (o una persona adulta) programa y da una dosis de **bolo alimenticio** cada vez que se ingieren alimentos, o un **bolo de correccion** si se presenta un nivel alto del azúcar en la sangre.

¿QUÉ IMPLICA EL USO DE LA BOMBA?

• La bomba requiere más trabajo que las inyecciones, no menos. La primera semana (y para algunos, el primer més) es la más difícil.

• Cada día se deben hacer por lo menos cuatro pruebas el nivel del azúcar en la sangre.

• Para determinar la dosis de insulina bolo, generalmente hay que contar los carbohidratos (vea el Capítulo 12) y los factores de corrección (vea el Capítulo 21).

• Es ideal aplicar las dosis de insulina bolo antes de ingerir los alimentos (y muchas veces de 10 a 15 minutos antes de comer).

• Cuando se usa la bomba en niños pequeños, generalmente los padres son responsables de contar los carbohidratos y de dar las dosis de bolo de insulina (antes de cada comida).

• Las "bombas inteligentes" guardan, ya programadas por el doctor y la familia, las proporciones entre la insulina y los carbohidratos (I/C) y los factores de corrección. Luego, cuando se ingresan los datos del nivel del azúcar en la sangre y/o los gramos de carbohidratos que se van a ingerir, la bomba sugiere una dosis de insulina apropiada para cubrir cada comida. Esta dosis se puede aplicar como la sugiere la bomba o se puede cambiar.

- Las dosis de insulina basal y de insulina bolo se calculan individualmente de acuerdo al las necesidades de cada persona. El médico usualmente determina la proporción inicial de insulina basal.

- Es importante tener un contacto estrecho con su equipo de atención médica.

- Nuestra experiencia indica que los niños tienen éxito con la bomba cuando están muy motivados para cuidar de su diabetes (al igual que sus padres).

- *La persona con diabetes debe estar lista para usar la bomba.* ¡No solo los padres!

LOS TRES PROBLEMAS PRINCIPALES OBSERVADOS EN LOS "BOMBEROS":

1. se les olvida administrar las dosis **bolo** de insulina

2. no hacen suficientes (por lo menos cuatro) pruebas diarias del azúcar en la sangre, por flojera

3. la cánula (el tubo) se sale de la piel, causando que el nivel del azúcar en la sangre (± cetonas) se eleve rápidamente (recuerde: en la bomba se usa solamente insulina de acción rápida)

Cuando la familia esté lista para considerar la posibilidad de usar una bomba de insulina, debe leer el Capítulo 26 del libro más grande. Luego, debe discutir esa posibilidad con su equipo de atención médica para la diabetes.

La persona con diabetes debe querer usar la bomba (NO solamente los padres).

¡LA COMIDA EN LA BOCA, LA MANO EN LA BOMBA!!

Capítulo 26 – El uso de bombas de insulina en el manejo de la diabetes   107

¡Es esencial tener un buen control del azúcar
antes de embarazarse!

Capítulo 27
El embarazo y la diabetes

Las mujeres con diabetes que no sufren de complicaciones graves pueden embarazarse.

¿QUÉ ES IMPORTANTE CUANDO SE PIENSE EN QUEDAR EMBARAZADA?

🐾 El embarazo debe ser <u>planificado</u>.

🐾 El control del azúcar en la sangre debe estabilizarse lo mejor posible antes y durante el embarazo. Idealmente, la HbA1c debe estar por debajo de 6.5%.

🐾 Pueden reducirse los riesgos de sufrir una pérdida, así como defectos de nacimiento en el bebé, si los niveles del azúcar en la sangre se logran mantener lo mas cerca posible a lo normal desde el inicio del embarazo.

🐾 Iniciar un suplemento de ácido fólico tres meses antes de salir embarazada también ayuda a evitar defectos de nacimiento.

¿CÓMO SE PUEDE LOGRAR TENER EL MEJOR CONTROL DEL AZÚCAR EN LA SANGRE?

🐾 Es común estar bajo una terapia intensiva de insulina durante el embarazo. Esto incluye:

- uso de una bomba de insulina o inyecciones frecuentes de insulina

- verificaciones frecuentes del azúcar en la sangre (de ocho a diez al día)

- poner atención especial a la nutrición

- contacto frecuente con el equipo de atención médica

🐾 Las lecturas que se tienen como meta del azúcar en la sangre son más bajas que las usuales, y se señalan en la tabla del Capítulo 27 de *"Para Entender la Diabetes"*.

🐾 Las visitas a la clínica también son más frecuentes: generalmente cada dos a cuatro semanas.

¿QUÉ HAY EN CUANTO A LAS COMPLICACIONES Y EL EMBARAZO?

- El daño a los riñones no aumenta durante el embarazo a menos de que ya estuviera presente antes del embarazo. Las medicinas que se usan para prevenir el daño a los riñones que se llaman "inhibidores de la ECA" no deben tomarse durante el embarazo. Esta medicina podría causar defectos de nacimiento en el bebé.

- Durante el embarazo, deben examinarse los ojos con mayor frecuencia (cuando menos cada tres meses). Si ya existe un daño moderado, éste puede empeorar durante el embarazo.

- La diabetes gestacional es la diabetes que se desarrolla a consecuencia del estrés del embarazo. Es importante realizar ejercicio con regularidad y mantener una dieta saludable.

  - La atención medica debe ser igual a la que se le presta a personas con diabetes de cualquier otro tipo.

  - La diabetes gestacional usualmente desaparece después del embarazo. Aunque existe un riesgo mayor de adquirir diabetes tipo 2 más tarde durante el transcurso de la vida.

Capítulo 28

La investigación y la diabetes tipo 1

Esta área cambia constantemente.

LOS CINCO TEMAS POR LOS QUE PREGUNTA MÁS LA GENTE SON:

Una cura:

Ya es posible realizar el transplante de páncreas o de islotes. El problema es que las medicinas, que son muy fuertes, para evitar el rechazo, pueden causar más daño que tener diabetes. Se estan probando muchas medicinas nuevas, pero todavía es muy prematuro para ver los resultados. Afortunadamente, se han hecho avances en el manejo intensivo de la diabetes, proporcionando una alternativa al transplante quirúrgico y una vida de inmunodeficiencia.

Monitoreo continuo de la glucosa (MCG):

Tres monitores continuos de la glucosa (MCG) que tienen un gran potencial para cambiar el manejo de la diabetes son: el sistema Navigator® de Abbott Diabetes Care, el sistema Guardian® (Paradigm®) Real Time (RT) de MiniMed y el DexCom™ STS™. Todos tienen un pequeño sensor con una "aguja" insertada bajo la piel, que transmite los niveles de la glucosa subcutánea a intervalos de uno a cinco minutos (por medio de radio telemetría), a un receptor, o directamente a la bomba de insulina. Sin embargo, en este momento, ninguno de ellos controla automáticamente la velocidad del goteo de la insulina a traves de la bomba. Todos tienen alarmas para las lecturas bajas y altas de la glucosa. Es probable que estos monitores continuos de la glucosa representen la "tercera era" en el manejo de la diabetes:

I)   Pruebas del azúcar en la orina

II)   Pruebas del azúcar en la sangre

III) MCG

Medidas preventivas de la diabetes tipo 1 (vea www.diabetestrialnet.org):

- Hay varios estudios en marcha.

- En los EE.UU., las personas pueden llamar al 1-800-425-8361 para saber a donde ir para una prueba gratis de detección de anticuerpos a traves del estudio TrialNet. Esta área está avanzando muy rápidamente.

- Se estan midiendo tres anticuerpos bioquímicos contra las células de los islotes (Capítulo 3) para determinar si se ha iniciado el proceso de auto-inmunización.

- Los estudios de prevención se enfocan ahora en:

  ~ evitar que se inicie el proceso de auto-inmunización

  ~ revertir el efecto de los anticuerpos

  ~ detener el proceso de destrucción de los islotes tan pronto como se diagnostica la diabetes

- Es muy probable que la prevención llegue antes que la cura.

 Medidas preventivas de la diabetes tipo 2:

- Ya se ha demostrado que esto es posible.

- Implica comer menos, hacer más ejercicio y perder peso.

- Esto de discute en el Capítulo 4 de *"Para Entender la Diabetes."*

 Medidas preventivas contra las complicaciones:

- Las complicaciones de la diabetes en los ojos y en los riñones están disminuyendo por la atención que se está poniendo a lo siguiente:

  ~ mejor control del azúcar

  ~ mejor control de la presión arterial

  ~ no fumar

  ~ exámenes anuales de los ojos y pruebas de la micro-albúmina en la orina – esenciales después de tres años de tener diabetes en las personas mayores de 12 años de edad (vea el Capítulo 22). Las familias pueden necesitar recordarle a quien le proporcione atención médica para la diabetes que se asegure que se hagan estas pruebas.

Encontrando la cura

¡El monitoreo continuo de la glucosa ya está aquí!

¡Algún día habrá
UNA CURA
PARA LA DIABETES!

El Dr. H. PETER CHASE, MD es el anterior Director Ejecutivo y Clínico del Centro Barbara Davis para la Diabetes Infantil de Denver, CO. Además, es Profesor de Pediatría del Centro de Ciencias de la Salud de la Universidad de Colorado en Aurora, CO.

El Dr. Chase recibió su educación en la Universidad de Wisconsin en Madison, WI. Completó su período de especialización y pasantía y su residencia en la Universidad de Utah y en la Universidad de Stanford. A una beca en endocrinología y metabolismo (Stanford y la Universidad de Colorado) le siguió la investigación en el Instituto Nacional de la Salud. Desde entonces ha sido miembro de la facultad de la Universidad de Colorado. Es investigador principal del multi-centro financiado por NIH para estudios de Diabetes Research in Children Network (DIRECNET) y estudios de prevención de la Diabetes Tipo 1/TrialNet.

El Dr. Chase ha recibido muchas distinciones honoríficas, incluyendo la presea Outstanding Physician Clinician in Diabetes de la Asociación Americana de Diabetes, una presea Lifetime Achievement de parte de JDRF y la presea Ross Award for Outstanding Research in Pediatrics. Ha sido el autor de más de 200 trabajos de investigación y 50 capítulos para libros de texto. Además de este extracto "Primer libro", la 11a Edición de "Para entender la diabetes" que sigue el mismo esquema de capítulos.

Exposición como miembro de la facultad: Ha recibido fondos para investigaciones científicas de Smiths Medical, Sanofi-Aventis, Johnson y Johnson Farmacéuticos, Novo Nordisk y Therasense/Abbott.

118

Notas

Notas

Notas

Notas

Notas

Notas